Brillanter Kristallschmuck

mit CRYSTALLIZED™ - *Swarovski Elements*

65 Glitzernde Schmuckstücke aus Kristallperlen und -steinen

Laura McCabe

First published 2008 under the title "Creating Crystal Jewelry with Swarovski"

Copyright © 2008 Laura McCabe

Creative Publishing international, Inc.

400 First Avenue North

Minneapolis, MN 55401

1-800-328-3895

www.creativepub.com

Alle in diesem Buch veröffentlichten Abbildungen und Anleitungen sind urheberrechtlich geschützt und jede Vervielfältigung des Gesamtwerkes sowie Teilen daraus bedarf einer schriftlichen Genehmigung.

Die im Buch veröffentlichen Anleitungen wurden von der Verfasserin und dem Verlag sorgfältig geprüft. Eine Garantie kann dennoch nicht übernommen werden, ebenso ist eine Haftung der Verfasserin bzw. des Verlages für Personen-, Sach- und Vermögensschäden ausgeschlossen.

Copyright © der deutschsprachigen Ausgabe 2008

Creanon

Claudia Schumann

Ahorneck 6

18196 Dummerstorf

www.Creanon.de

ISBN: 978-3-940577-00-9

Übersetzung: Claudia Schumann

Während der letzten Jahre habe ich mich ganz auf die Herstellung von Glasperlenschmuck mit Kristallperlen und -steinen konzentriert. Inspiriert wurde ich dabei durch meine Liebe zu historischen Kostümen, die Wertschätzung für alles Klassische und eine Obsession für alles Glitzernde. Ich habe nicht nur Perlen in meine Arbeit einbezogen, sondern auch einige der märchenhaften Kristallsteine, die als Modeschmuck verwendet werden. Bei den Schmuckstücken, die ich selbst trage, habe ich einen viel einfacheren Geschmack, aber die Gelegenheit, Dinge mit endlosem Glitzer zu entwerfen und zu kreieren hat mir viel Freude und eine hohe Wertschätzung für Kristall als Material gebracht. Ich hoffe, die Projekte inspirieren jede von euch zu einem eigenen Weg der Kreativität, Originalität und Handwerkskunst, der die Vergangenheit feiert und mit unserem Einsatz noch Generationen in die Zukunft reicht.

Mein Dank gilt all den Menschen, ohne deren Einsatz, harte Arbeit und Geduld dieses Buch nicht möglich gewesen wäre.

In erster Linie danke ich meinem Ehemann Michael, der mein größter Fürsprecher, eine endlose Quelle der Unterstützung und Ermutigung ist und derjenige war, der mir dabei half, mich so zu organisieren, dass dieses Buch entstehen konnte.

Dank an meine Familie und Freunde, deren Ermutigung, Unterstützung und Geduld mich durch die letzten Jahre begleiteten. Und Dank an Po für ihre Gesellschaft und Anwesenheit beim Schreiben dieses Buches.

Dank geht an meine Schüler, welche mir über die Jahre geholfen haben, die einzelnen Projekte zu verfeinern. Dank an Deborah Cannarella, die geniale Lektorin und Frau mit allgemeinem Überblick. Dank an die Projektmanagerin Amy Fletcher und die künstlerische Leiterin Sylvia McArdle. Dank auch an Jack Deutsch und Laura Maffeo, Fotograf und Stylistin, deren Bemühungen meine wildesten Träume übertrafen und die die Komplexität und den Detailreichtum der Perlenarbeiten erfolgreich einfingen. Dank auch an Julia Pretl, eine herausragende Illustratorin; Judith Durant, technische Lektorin; und an alle anderen bei Rockport Publishers und Creative Publishing international für ihre Hilfe und Unterstützung.

Dieses Buch ist der Frau gewidmet, die mich zum Lachen brachte, wenn mir zum Heulen war.
Für deine unendliche Unterstützung,
Weisheit und deinen Humor.
Danke Lilli B.

Flachkristall-Blumenbrosche von Seite 110

INHALT

Kapitel 1
DIE MODEGESCHICHTE VON
GESCHLIFFENEM KRISTALL 6

Kapitel 2
SAATPERLEN UND KRISTALLE 8

Kapitel 3
WERKZEUGE UND HILFSMITTEL 12

Kapitel 4
VIER BASISSTICHE 16

Kapitel 5
ZWEI EINFASSUNGSTECHNIKEN 24

Kapitel 6
VERSCHLÜSSE 32

Kapitel 7
VERZIERUNGEN 38

Die Projekte

Spiralkette aus Kristallen 44
Wasserfallanhänger aus Kristallen 48
Wasserfallohringe aus Kristallen 52
Wickelarmband 56
Halskette im Jugendstil 60
Kristallexplosion: Ohrringe 64
Kristallexplosion: Ring 68
Kristallexplosion: Armband 72
Kristallexplosion Halskette 78
Dreisträngiges Rivoli-Armband 82
Quadratarmband 86
Halskette "Ringe & Dinge" 90
Verbundene Kette 96
Gerahmtes Armband 104
Flachkristall-Blumenbrosche 110
Dahlienhalskette aus Kristallen 114
Weinbergjuwelen 118
Kronjuwel 124
Geometrischer Kristall 130
Endlose Halskette 136

Umrechnungstabellen 142
Bezugsquellen 144

Kapitel Eins

Die Modegeschichte von geschliffenem Kristall

Geschliffenes Kristall hat eine faszinierende Geschichte, in der Kristallobjekte mit Schönheit, Aristokratie, klassischen Kostümen und Mode verflochten sind. Zuerst hergestellt im 18. Jahrhundert in englischen Glashütten, war geschliffenes Kristall (und Bleikristall) dafür gedacht, Luxus und Opulenz in aristokratische Kostüme und Schmuck zu bringen. Während dieser Zeit setzte Georg Friedrich Strass (frz. Georges Frédéric Strass), Hofjuwelier des französischen Königs Ludwig XV., geschliffene Kristalle in kunstvolle Fassungen, als wären sie Edelsteine. Für die nächsten Jahrhunderte war der Name „Strass" verknüpft mit dieser Art von Kristallschmuck – schließlich wurde er ein Synonym für geschliffenes Kristall.

Im späten neunzehnten Jahrhundert, als die Glasindustrie Europas in ihrer Blüte stand, waren Schmuck und somit geschliffene Kristalle von der raffinierten Schönheit des Byzantinischen Reichs und Österreich-Ungarns beeinflusst. In diesem goldenen Zeitalter der Industrialisierung und unerreichten Ästhetik machte geschliffenes Kristall dank eines jungen, energischen Künstlers namens Daniel Swarovski einen riesigen Schritt vorwärts.

Nach seiner Lehrzeit bei Glasschleifern in Böhmen und der Entwicklung seiner eigenen, mechanischen Schleiftechnik für Kristallglas zog Swarovski nach Wattens, einen kleinen Ort in Österreich. 1895 gründete er mit zwei Partnern, Franz Weis und Armand Kosmann, die Firma Swarovski. Ein paar Jahre später wurde die Familie Swarovski Alleininhaber der Firma und bis heute ist sie ein Familienunternehmen.

Während des gesamten zwanzigsten Jahrhunderts waren der Name Swarovski und die Produkte, die er repräsentierte, untrennbar mit der Haute Couture und der Modeindustrie verknüpft. Herausragende Desinger der Moderne arbeiteten direkt mit der Firma Swarovski zusammen: Coco Chanel, Elsa Schiaparelli, Paul Poiret, Madeleine Vionnet und Christian Dior, um einige zu nennen. Sie alle arbeiteten mit Swarovski-Kristallen und -Perlen, um die Magic der Kristalle für ihre Kreationen zu nutzen. In den frühen 1950er Jahren arbeitete Dior eng mit Manfred Swarovski zusammen, um die jetzt wohlbekannte Aurora-Borealis-Veredelung zu erschaffen.

Die Kristalle gelangten zu allgemeiner Bekanntheit durch die glamouröse Hollywood-Mode in den 1930er und 1940er Jahren und das funkelnde, futuristische Lebensgefühl der 1960er Jahre. Die Qualität, Eleganz und die glitzernde Anziehungskraft haben die Kristalle zu einem zeitlosen Bestandteil der Mode gemacht.

Noch heute nimmt die Magie und Schönheit der Kristalle unsere Fantasie gefangen. Sie verzieren Couture und Konfektionsmode und sind ein populärer Trend im Hobbybereich. Swarovski, nun in der fünften Generation, produziert noch immer qualitativ hochwertige Steine und Perlen, die durch ihre Schlifftechnik noch weit in die Zukunft hinein funkeln werden.

Kapitel Zwei
Saatperlen und Kristalle

Saatperlen gibt es in einer breiten Palette von Größen und von verschiedenen Herstellern. Diese Perlen werden heute noch so hergestellt, wie sie es schon immer wurden: Eine lange Glasröhre wird auf einem hölzernen oder metallischen Lager durch einen langen Raum gezogen und wenn die Glasröhre erkaltet ist, wird sie in kurze Stückchen geschnitten. Diese Stückchen werden dann in einer Trommel geschliffen, um die Kanten zu glätten, und man erhält Saatperlen.

Saatperlen

Ursprünglich wurden Saatperlen hauptsächlich in Europa hergestellt. Mit ihrem starken Schwerpunkt in der Glasherstellung waren Italien, die ehemalige Tschechoslowakei (heute Tschechien und die Slowakei) und Frankreich die Hauptproduzenten von Saatperlen. Seit den 1950er Jahren kam Japan mit seiner fortschreitenden Technologie mit einer exakteren, einheitlicheren Perle auf den Markt. Heute ziehen viele Menschen die japanischen Perlen wegen ihrer Gleichmäßigkeit in Form und Größe und dem Umstand, dass diese ein größeres Loch haben, den europäischen Perlen vor.

Traditionell wurde die Größe von Saatperlen dadurch bestimmt, wie viele Perlen auf einen Zoll passen. Durch die moderne Technik jedoch sind die Perlen heute kleiner und entsprechen nicht mehr den alten Standards. Obwohl es ein breites Angebot an Größen von Saatperlen gibt, von 2/0 bis 24/0, werden für die Projekte dieses Buchs nur drei Größen benötigt: 11/0, 12/0 und 15/0. Diese sind die bei Weitem üblichsten Größen für Fädelarbeiten. Genau wie bei Nadeln werden die Perlen kleiner, je höher die Größenangaben werden: Zum Beispiel ist eine 15/0 Perle kleiner als eine 11/0.

Saatperlen

Japanische Zylinderperlen

Diese zylindrischen Perlen gibt es in verschiedenen Größen, die am häufigsten verwendete ist 11/0. Sie unterscheiden sich von anderen Perlen darin, dass sie eine mehr zylindrische als runde Form haben. Aufgrund ihrer Form fügen sie sich eng aneinander und eignen sich gut für Einfassungen im Peyotestich. Das Resultat ist ein sauberes, gleichmäßigeres Aussehen als das, welches mit runden Saatperlen erreicht werden kann.

Japanische Zylinderperlen werden unter verschiedenen Handelsnamen verkauft, dazu gehören Delicas (der Firma Miyuki), Treasures (der Firma Toho) und Aikos (die hochpräzisen Zylinderperlen der Firma Toho).

Three-cuts

Japanische 12/0 und 15/0 Three-cut (dreifach geschliffene)

Nachdem die Perlen in einer Trommel geschliffen wurden, um die scharfen Kanten zu glätten, werden in diese Perlen Facetten geschnitten. Diese Facetten geben den Perlen einen zusätzlichen Glitzereffekt und dem fertigen Stück ein antikes Aussehen. Im Allgemeinen ist die Größe 12/0 ein guter Ersatz für die Größe 11/0 (japanische Three-cut werden nicht in der Größe 11/0 hergestellt). Die 15/0 Three-cut ersetzen die runden 15/0 Perlen gut.

Tschechische 15/0 Charlotten

Charlotten

Für viele Projekte in diesem Buch werden tschechische 15/0 Charlotten benötigt. Diese kleinen, in Tschechien produzierten Saatperlen habe eine einzige Facette. Obwohl ihre Größe mit 15/0 angegeben wird, sind sie normalerweise kleiner als die japanischen 15/0 Saatperlen und somit sind sie hervorragend für die Art von Einfassungen, die in Kapitel 5 beschrieben werden, geeignet.

Kristallperlen

Es folgt eine Beschreibung jeder Art und Größe der Kristalle, die für die Projekte in diesem Buch benötigt werden. Um sie besser finden zu können, habe ich die Swarovski-Artikelnummern angegeben. Diese Artikelnummern werden ausschließlich von Swarovski und nicht von anderen Kristallherstellern verwendet. Außerdem habe ich die Swarovski-Artikelnummern in den Materialkästen für jedes Projekt angegeben, damit die benötigten Materialien leichter zu finden sind.

Facettierte Rondelle (Faceted rondelles)
(Swarovski-Artikelnummer 5040)

Diese Rondelle sind scheibenförmig, in der Mitte durchbohrt und vielfach facettiert. Es gibt sie in vielen Größen, beginnend bei 6 mm. Für die Projekte in diesem Buch werden die Größen 6 mm und 8 mm benötigt.

Doppelkegel (Bicones)
(Swarovski-Artikelnummer 5301)

Doppelkegel sind Kristallperlen, die von einer Spitze zur anderen durchbohrt wurden. Diese Kristalle sind facettiert und in vielen verschiedenen Größen erhältlich. Für die Projekte in diesem Buch werden 3 mm und 4 mm große Doppelkegel benötigt.

Margaritas
(Swarovski-Artikelnummer 3700)

Margaritas sind flache blümchenförmige Perlen, die in der Mitte der Blume durchbohrt wurden. Es gibt sie in vielen verschiedenen Größen. Für die Projekte in diesem Buch werden 6 mm und 10 mm große Margaritas benötigt.

Facettierte, runde Perlen (Faceted rounds)
(Swarovski-Artikelnummer 5000)

Diese Perlen sind facettierte, in der Mitte durchbohrte, runde Perlen. Sie sind in einer breiten Palette von Größen erhältlich. Für die Projekte in diesem Buch werden 2 mm, 3 mm und 4 mm große Perlen benötigt.

Linsenförmige Perlen (Lentil beads)
(Swarovski-Artikelnummer 335)

Wie der Name schon sagt, hat diese antike Perle eine mehrfach facettierte Linsenform. Es gibt sie in vielen verschiedenen Größen. Sie werden für die Halskette „Ringe & Dinge" auf Seite 90–95 benötigt.

Kristallsteine

Obwohl normalerweise eher für Modeschmuck verwendet, sind Kristallsteine eine tolle Ergänzung zu Perlenarbeiten. Es gibt sie in einer großen Vielfalt von Größen, Formen und Farben.

Rivoli
(Swarovski-Artikelnummer 1122)

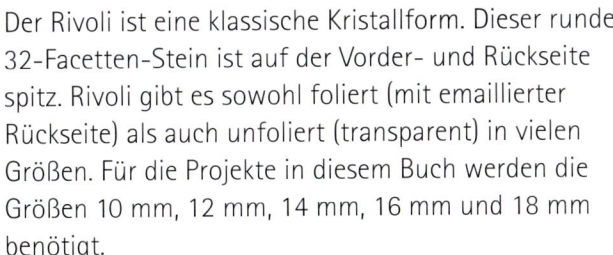

Der Rivoli ist eine klassische Kristallform. Dieser runde 32-Facetten-Stein ist auf der Vorder- und Rückseite spitz. Rivoli gibt es sowohl foliert (mit emaillierter Rückseite) als auch unfoliert (transparent) in vielen Größen. Für die Projekte in diesem Buch werden die Größen 10 mm, 12 mm, 14 mm, 16 mm und 18 mm benötigt.

Dentelles
(Antike Swarovski-Artikelnummer 1200)

Diese großen, antiken Stücke sind nur noch im Internet oder in speziellen Perlenläden erhältlich. Die Dentelle ist ein runder Stein mit vielen Facetten auf der Vorder- und auf der Rückseite. Die Größe wird mit der Bezeichnung „ss" (stone size = Steingröße) angegeben. (Auf Seite 143 befindet sich eine Umrechnungstabelle zwischen Steingröße und Millimeter.)

Für die Projekte in diesem Buch werden die Größen 55 ss, 60 ss und 65 ss benötigt. Wenn diese nicht zu bekommen sind, können ersatzweise Rivoli oder andere runde Steine in gleicher Größe verwendet werden.

Kristallrahmen (Crystal frames)
(Swarovski-Artikelnummer 4439)

Diese moderne Kristallform sieht wie ein glitzernder Bilderrahmen aus. Es gibt sie in verschiedenen Größen und Farben und sie ist ein exzellenter Baustein. Für die Projekte in diesem Buch werden 14 mm große Kristallrahmen benötigt.

Kristallringe (Crystal rings)
(Swarovski-Artikelnummer 1245)

Eine weitere moderne Form sind diese in vielen Farben, aber nur einer Größe (13 mm) erhältlichen facettierten Kristallringe. Genau wie die Kristallrahmen sind sie spektakuläre Komponenten.

Große Kristallsteine, 27 mm (Large crystal stones)
(Swarovski-Artikelnummer 1201)

Eine weiterhin in Produktion befindliche, klassische Kristallform ist der 27 mm große, runde Kristallstein. Mit seinen 33 Facetten und dem flachen Profil ergibt er einen atemberaubenden Mittelteil für jedes Schmuckstück. Der Stein ist foliert und unfoliert erhältlich. Zusätzlich zu der 27 mm Größe ist dieser Stein auch in der antiken Größe 17 mm erhältlich. Dieser ist ein hervorragender Ersatz für die Rivoli in einigen Projekten des Buches.

Quadratische Rivoli (Square rivoli)
(Antike Swarovski-Artikelnummer 4650)

Dieser antike Stein eignet sich hervorragend für moderne Kristallperlenarbeiten. Er ist in vielen Größen erhältlich und dank seiner „runden" Ecken werden keine besonderen Veränderungen oder Zunahmen benötigt, um ihn einzufassen. Für die Projekte in diesem Buch werden 8 mm und 14 mm große Steine benötigt. (Swarovski produziert einen modernen, quadratischen Stein (Artikelnummer 4470), welcher eine gute Alternative ist, sollte der antike nicht zu bekommen sein.)

Kapitel Drei
Werkzeuge und Hilfsmittel

Perlenarbeiten haben einen deutlichen Vorteil, wenn es um Werkzeuge geht. Sie benötigen eine sehr kleine Anzahl nicht sehr teurer und überall erhältlicher Werkzeuge und Hilfsmittel. Somit ist diese Art von Hobby für jeden zugänglich und außerdem überall leicht mitzunehmen. Folgendes sollte vorhanden sein:

A FireLine

B mikorkristallines Wachs

C Kunststoffspulen

D One-G Nylonfaden

E Nymo Nylonfaden

F englische Perlennadeln
englische Ledernadeln

Scheren

Vergewissere dich, dass du eine gute Stickschere hast. Diese brauchst du, um den Faden eng am Schmuckstück abzuschneiden und keine Fransen zu hinterlassen. Wenn du mit Leder und Stoff arbeiten möchtest, brauchst du außerdem eine Nähschere.

Wenn du mit FireLine (ein umflochtener Draht) arbeiten möchtest, brauchst du eine dritte Schere. Ich empfehle Kinderscheren, da diese nicht teuer, leicht zu bekommen und relativ klein sind. FireLine macht schnell jede Schere stumpf und du bist besser beraten, eine günstige Wegwerfschere zu ruinieren als die gute Stickschere.

Englische Perlennadeln
(Größe 10, 12, 13 und 15)

Obwohl es eine große Auswahl von Nadelsorten gibt, bevorzuge ich in der Hauptsache englische Nadeln. Sie sind ein wenig dünner und besser zu handhaben als manch andere Sorte. Es gibt sie in verschiedenen Größen, angefangen bei Größe 10 bis hin zu Größe 15 (je höher die Nummer, desto kleiner die Nadel). Grundsätzlich ist es eine gute Idee, einige von jeder Größe zur Hand zu haben.

Größe 12 ist ein gute universelle Größe, obwohl manche Projekte eventuell eine dünnere oder dickere Nadel benötigen. Schaue bei jedem Projekt in den Materialkasten.

Englische Ledernadeln
(Größe 10 und 12)

Halte ein paar Ledernadeln bereit. Ursprünglich haben Handschuhmacher und das Leder verarbeitende Gewerbe diese Nadeln benutzt und sie eignen sich daher gut für Perlenstickereien auf Leder. Genau wie bei den Perlennadeln ist die Zahl höher, je dünner die Nadel wird. Eine Ledernadel der Größe 10 passt durch eine 11/0 Saatperle. Eine Ledernadel der Größe 12 passt durch eine 15/0 Saatperle. Weil diese Ledernadeln eine geschliffene, dreieckige Spitze haben, können sie sehr scharf sein. Sei bei der Arbeit damit vorsichtig.

Mikrokristallines Wachs

Es gibt verschiedene Arten von Fadenmitteln auf dem Markt. Ich selbst bevorzuge mikrokristallines Wachs (ein synthetisches, nicht biologisches Wachs). Dieses Wachs wird gewöhnlich als „synthetisches Wachs" etikettiert und in kleinen Kunststoffbehältern verkauft. Es wird nicht wie echtes Bienenwachs mit der Zeit ranzig, es trocknet nicht aus, sondern bleibt klebrig.

Kunststoffspulen

Bei Perlenarbeiten kann die „Fadenorganisation" zweifellos eine ernsthafte Herausforderung sein. Diese kleinen Kunststoffspulen können deshalb hilfreich sein. Sie sind gut, um den Faden daraufzuwickeln, wenn du gerade nicht damit arbeitest. Sie sind auch gut, um deine Perlenarbeit sicher zu verwahren, wenn du sie transportierst.

FireLine
(Angelsehne/Perlenfaden)

Die Projekte in diesem Buch wurden mit FireLine gefädelt, einer Angelsehne der Firma Berkley für die Sportfischerei, die aus Draht geflochten und mit Kunststoff ummantelt wurde. Dieser Draht ist nicht nur sehr gut zum Angeln, er ist auch ein guter Faden für Perlenarbeiten. Er ist stark und spaltet und franst nicht so aus, wie es bei einem Nylonfaden der Fall ist.

FireLine gibt es vielen verschiedenen Stärken, aber für diese Art von Perlenarbeiten passen 6 lb. oder 4 lb. Zugfestigkeit am besten. Er ist ebenfalls in vielen Farben erhältlich. Gewöhnlich ist die Farbe Crystal (tatsächlich ist sie mehr Weiß als transparent) sehr gut für helle bis mittlere Perlenfarben. Smoke (ein graues Schwarz) ist für dunkle Perlenfarben besser geeignet.

Drücke das Ende des Fadens mit deinen Fingernägeln oder einer Zange flach, damit es besser durch das Nadelöhr geht. Überziehe den Faden leicht mit dem mikrokristallinen Wachs, indem du ihn hindurchziehst. Dies wird die Schlaufenbildung des Fadens während der Arbeit verringern und die Fadenspannung auf der ansonsten rutschigen Fadenoberfläche verbessern.

Nylonfaden

Viele Firmen stellen Nylonfaden her und es gibt ihn in vielen Farben, sodass es kein Problem ist, eine passende Farbe für dein Projekt zu finden. Ich nehme Nylonfaden nicht für Fädelarbeiten, aber ich benutze ihn, wenn ich etwas auf Leder aufnähe (wie bei der Flachkristall-Blumenbrosche von Seite 110). Normalerweise benutze ich einen Faden der Stärke D, welcher recht haltbar ist und gut durch Perlen jeder Größe passt. Bedenke: Obwohl Nylonfaden gut für Leder und Fädelarbeiten mit Saatperlen ist, hält er die scharfen Kanten von Kristallperlen und Kristallsteinen nicht gut aus. Nymo ist eine der beliebtesten Marken einsträngiger Fäden für Perlenarbeiten, aber es kommen auch neue Sorten auf den Markt, wie z. B. One-G und C-lon.

Leder oder Kunstleder

Für alle Projekte, die Stickereien oder gestickte Einfassungen für Kristalle haben, benötigst du Leder. Wenn du mit Leder arbeitest, dann achte darauf, weiches, geschmeidiges, für Bekleidung geeignetes zu bekommen. Das Leder sollte so weich sein, dass du auch mit einer Nadel für Perlenarbeiten hindurchstechen kannst. Natürlich kannst du zu einer Ledernadel wechseln, wenn es zu Problemen kommt. Eine gute Alternative zu echtem Leder ist Kunstleder, ein waschbarer, wildlederähnlicher, synthetischer Stoff, der in den meisten Stoffläden erhältlich ist.

Fadenschmelzer (Thread Burner)

Obwohl nicht unbedingt nötig, kann ein Fadenschmelzer ein hilfreiches Werkzeug sein. Eigentlich für medizinische Zwecke gedacht, eignen sich diese batteriebetriebenen Brenner dafür, Fadenfusseln oder kurze Fadenreste an einem fertigen Stück zu beseitigen.

Perlenbrett

Eine gute Arbeitsunterlage ist entscheidend. Es gibt verschiedene Unterlagen auf dem Markt, wie samtene Perlenbretter oder Kunststoffschälchen. Die meisten haben eine samtartige Oberfläche, um ein Davonrollen der Perlen zu verhindern.

Ich bevorzuge ein klassisches Perlenbrett in der Größe 35,6 x 19,7 cm. Es gibt sie in verschiedenen Farben und sie erleichtern den Transport, ohne dass man verlorene Perlen aufsammeln muss. Wenn du die Perlenbretter in die für sie passenden Behälter steckst, sind sie stapelbar und sie haben eine Kante, die die Perlen daran hindert, wegzurollen.

Spitzzange

Obwohl Spitzzangen keine traditionellen Perlenwerkzeuge sind, eignen sie sich, um überflüssige Perlen herauszubrechen oder an der Nadel zu ziehen, wenn du etwas Hebelkraft brauchst. Diese Zangen gibt es in vielen Preisklassen, von der Profizange bis zur billigen Importzange. (Wenn du mit Silber arbeitest, solltest du eine Profizange benutzen; ansonsten halte es einfach und günstig.)

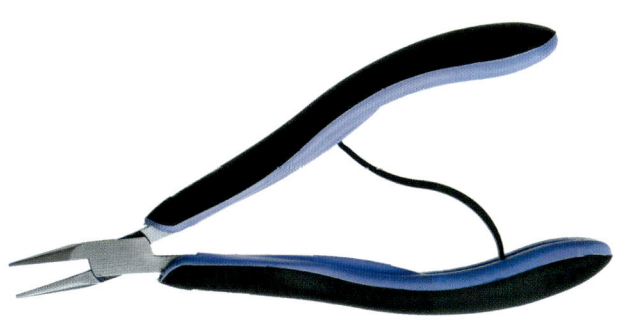

Arbeitslampe

Gutes Licht ist bei Perlenarbeiten grundlegend, sowohl bei Tag als auch am Abend. Weil herkömmliche Glühbirnen nicht hell genug sind und außerdem die Farben verfälschen, benutze am besten eine Vollspektrum-Tageslichtglühbirne. Es gibt verschiedene Hersteller, die komplette Lampen anbieten. Wenn du dich viel unterwegs mit Perlenarbeiten beschäftigst, ist eine transportable Tageslichtlampe vorteilhaft. Die meisten Unterrichtsräume für Kurse haben bestimmt erreichbare Steckdosen für deine Lampe, ansonsten solltest du eine Verlängerungsschnur dabeihaben.

Maßband

Du solltest auch ein Maßband oder Lineal zur Hand haben. Du brauchst es, um die Länge eines Schmuckstücks oder den zukünftigen Schmuckstückträger abzumessen.

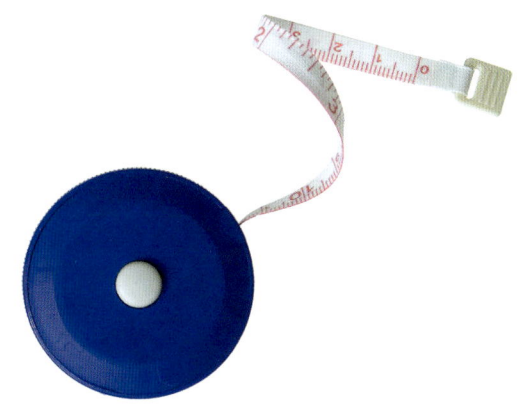

E6000 Klebstoff

Beim Anbringen von Cabochons oder flachen Kristallen auf Leder ist E6000 der Klebstoff meiner Wahl. Er ist stark, trocknet schnell und ist wieder ablösbar, was hilfreich ist, wenn ich ihn aus Versehen auf die falsche Stelle streiche. Allerdings riecht er stark, also benutze ihn nur in gut belüfteten Räumen und vermeide, die Dämpfe einzuatmen. Diejenigen, die nicht mit solchem Klebstoff arbeiten möchten, können als Alternative doppelseitig klebendes Klebeband benutzen, das man in vielen Geschäften bekommt.

Kapitel Vier
Vier Basisstiche

Perlenfädeltechniken umfassen eine große Bandbreite an Stichen, die in vielen verschiedenen Kulturen und Regionen entstanden sind. Perlenarbeiten sind eine der weltweit verbreiteten Handwerkskünste, die alle Menschen über Zeit und Kultur hinweg verbinden. Beim Arbeiten mit diesen vielen Techniken sind wir daher verbunden mit den Menschen aller Kulturen, um eines unserer Grundbedürfnisse zu stillen: wunderschönen, persönlichen Schmuck anzufertigen.

Für die Projekte in diesem Buch benötigst du vier Grundstiche. Falls nötig, kannst du immer auf diese Seiten zurückblättern, während du an den Projekten arbeitest.

Stich 1: Einfache Perlenstickerei

Neben dem Auffädeln ist das Sticken die älteste Form der Perlenarbeit. Seit Jahrhunderten benutzen Menschen Perlen, um ihre Kleidung und ihre persönlichen Gegenstände zu schmücken. Heute noch wird häufig Kleidung mit raffinierter Perlenstickerei gefertigt und getragen.

Es gibt viele verschiedene Arten der Perlenstickerei, ich benutze eine Technik, die ich „einfache Perlenrückstich-Stickerei" nenne. Ich mache einen einfachen Rückstich, um Perlen jeder Größe und Form auf jede Art textiler Unterlage aufzubringen. Normalerweise benutze ich Leder oder Kunstleder als Stickunterlage, aber diese Technik kann auf jeder textilen Unterlage angewandt werden.

1. Um zu beginnen, fädele einen einfachen Faden in gewünschter Länge in eine Nadel. Mache einen Knoten, damit der Faden nicht durch den Stoff rutschen kann.

2. Fädele, nachdem du mit der Nadel durch den Stoff gestochen hast, sechs Saatperlen (in gewünschter Größe) auf, lege diese auf den Stoff und steche direkt nach der letzten Perle zurück durch den Stoff. Gehe jetzt auf der Rückseite zurück und steche von unten genau zwischen der dritten und vierten Perle durch den Stoff **(a)**. Fädele durch Perlen 4, 5 und 6 und dann kannst du die nächsten sechs Perlen auffädeln und dies dann wieder und wieder wiederholen.

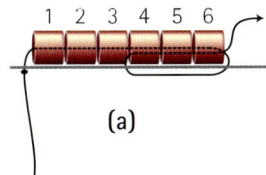

Tipp: Knoten

Hier folgt ein guter Knoten für Perlenstickerei: Bilde mit dem Ende deines Fadens eine einfache Schlaufe. Führe dann das Fadenende durch diese Schlaufe und ziehe daran, um den Knoten festzuziehen. Dieser Knoten ist groß genug, um nicht durch den Stoff zu rutschen, wenn du den ersten Stich machst.

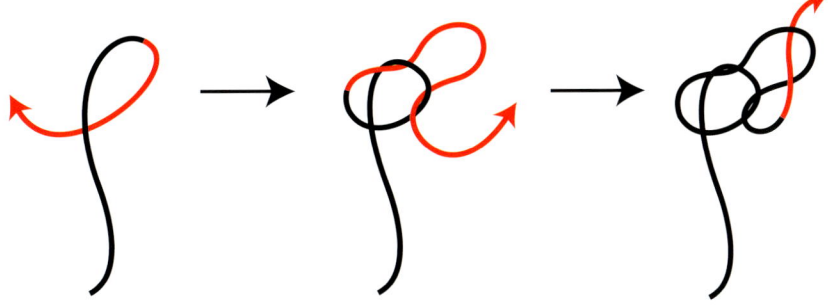

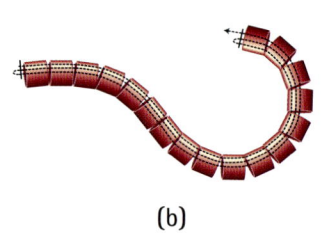

(b)

Natürlich kannst du auch weniger als sechs Perlen aufnehmen, sechs Perlen sind das Maximum, damit der Stoff sich nicht wölbt. Diese Technik kann man benutzten, um gerade Linien, Spiralen, Kurven und jede Art von Strich mit Perlen zu sticken.

Wenn du deine erste Reihe gestickt hast, gehe zurück und fädele ein zweites, drittes und sogar ein viertes Mal durch die Perlen, dies hilft, die Perlen zu stabilisieren und gut auf dem Stoff zu fixieren **(b)**.

Stich 2: Einfacher Peyotestich

Der Peyotestich hat seinen Ursprung unter anderem bei den amerikanischen Ureinwohnern und im alten Ägypten. Dieser besonders vielseitige Stich erzeugt ein ausschließlich aus Perlen gefertigtes Gewebe. Er kann sowohl flach als auch röhrenförmig gearbeitet werden und sowohl mit einer geraden als auch mit einer ungeraden Anzahl Perlen in der Runde. In diesem Buch wirst du mit flachem Peyote mit gerader Perlenanzahl, flachem Peyote mit ungerader Perlenanzahl und röhrenförmigem Peyote mit gerader Perlenanzahl arbeiten.

FLACHES PEYOTE MIT GERADER PERLENANZAHL

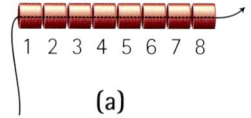

(a)

1. Um ein flaches Stück Peyote mit gerader Perlenanzahl herzustellen, fädele so viele Perlen auf, wie dein fertiges Stück, Band oder Streifen breit sein soll. Die Perlenanzahl kann jede gerade Anzahl zwischen zwei und hunderten von Perlen sein, abhängig von der Größe deiner Arbeit. Die Illustration zeigt acht Perlen **(a)**.

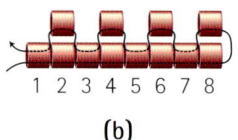

(b)

2. Fädele, nachdem du die richtige Anzahl Perlen aufgenommen hast, eine weitere Perle auf und steche sie in der Gegenrichtung zurück durch die zweitletzte Perle der Anfangsrunde (Nummer 7). Nimm eine neue Perle auf, überspringe die nächste Perle (Nummer 6) und steche durch die folgende Perle (Nummer 5). Mache so weiter, bis du das Ende der Reihe erreicht hast, dort, wo du begonnen hast. Nachdem du diese Reihe hinzugefügt hast, hat sich die Grundreihe von acht Perlen in zwei Reihen geteilt und dies ergibt nun im Ganzen drei Reihen (wenn du der gebräuchlichen Zählweise folgst) **(b)**.

3. Jetzt beginnst du, wieder in die andere Richtung zu arbeiten und eine weitere Reihe hinzuzufügen, indem du eine Perle in jede „Lücke" fädelst **(c)**. Arbeite in dieser Weise hin und zurück, bis du die gewünschte Länge erreicht hast. Weil die Perlen ineinandergreifen, werden die Reihen beim Peyotestich diagonal gezählt.

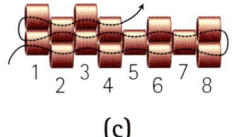

(c)

FLACHES PEYOTE MIT UNGERADER PERLENANZAHL

Flaches Peyote mit ungerader Perlenanzahl ist etwas schwieriger als mit gerader Perlenanzahl. Es sind eine Reihe von Kehrtwendungen während der Arbeit nötig, um die Extraspalte mit Perlen einzuarbeiten.

1. Nimm für den Anfang so viele Perlen auf, wie das fertige Stück, Band oder Streifen breit sein soll. Dies kann eine ungerade Anzahl zwischen drei und hunderten von Perlen sein, abhängig von der Größe deiner Arbeit. Die Illustration zeigt neun Perlen **(d)**.

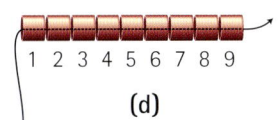

(d)

2. Fädele, nachdem du die richtige Anzahl Perlen aufgenommen hast, eine weitere Perle auf und steche sie in der Gegenrichtung zurück durch die zweitletzte Perle der Anfangsrunde (Nummer 8). Nimm eine neue Perle auf, überspringe die nächste Perle und steche durch die folgende Perle. Mache so weiter, bis du das Ende der Reihe, dort, wo du begonnen hast, erreicht hast **(e)**. Wie beim flachen Peyote mit gerader Perlenanzahl spaltet sich die Grundreihe in zwei Reihen auf.

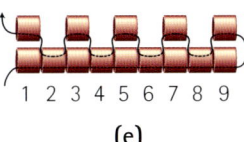

(e)

Tipp: Reihen zählen

So kannst du die Reihen in einem Stück Peyote zählen: Halte das Stück zwischen den Fingern und zähle die Anzahl der Perlen an einer Seite. Wende das Stück dann und zähle die Perlen an der anderen Seite. Danach werden beide Zahlen addiert und du erhältst die Anzahl der Reihen.

3. Peyote mit ungerader Perlenanzahl unterscheidet sich von dem mit gerader Perlenzahl dadurch, dass am Ende der Reihe keine Perle da ist, durch die gefädelt werden kann. Um das auszugleichen, ist etwas Manipulation erforderlich. Wenn du am Ende der Reihe eine Perle aufgenommen hast, fädele zurück durch die Perle, die sich direkt unter dieser neu aufgenommenen befindet. Fädele durch drei Perlen zurück, mache eine Kehrtwende und komme dann wieder in der Gegenrichtung heraus. Mache am Rand eine weitere Kehrtwende und du kommst aus der letzten Perle der Gegenrichtung heraus; bereit für die nächste Reihe **(f)**.

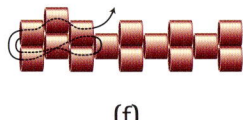
(f)

Eine Seite hat immer die direkte Wende und die andere Seite benötigt diese Zurückstiche und Kehrtwendungen, um den Faden richtig zu führen, sodass es mit der nächsten Reihe weitergehen kann.

RÖHREN-PEYOTE MIT GERADER PERLENANZAHL

Obwohl es röhrenförmiges Peyote sowohl mit gerader als auch mit ungerader Perlenanzahl gibt, musst du für die Projekte in diesem Buch nur den Stich mit gerader Perlenanzahl kennen. Röhrenförmiges Peyote mit gerader Perlenanzahl eignet sich perfekt für das Einfassen von Steinen und für verschiedene Ringformen.

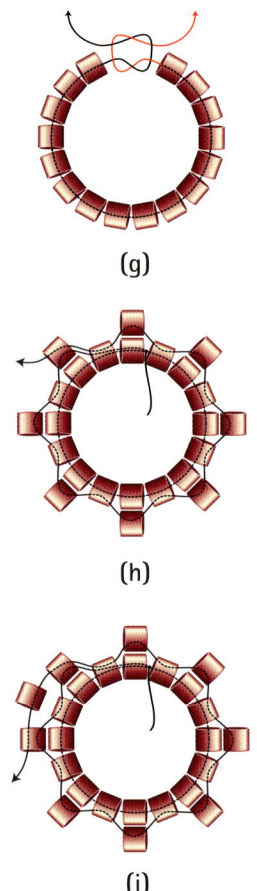
(g)

(h)

(i)

1. Fädele zum Beginn eine gerade Anzahl Perlen auf einen einfachen Faden. Führe die Perlen ans Ende und lasse einen Fadenrest hängen. Mache einen Knoten, um einen Perlenkreis zu erhalten **(g)**.

2. Fädele durch ein paar Perlen, um den Knoten zu verstecken. Nimm dann, aus einer Perle des Kreises kommend, eine neue Perle auf, lasse eine Perle aus und fädele durch die nächste Perle nach der ausgelassenen **(h)**.

3. Nachdem du um den ganzen Kreis herumgearbeitet hast, musst du „eine Stufe" hochgehen. Das heißt, du musst den Faden auf die Höhe der nächsten Runde bringen, um weiterfädeln zu können. Es ist einfach, sich diese Stufe zu merken, denn am Ende jeder Runde musst du durch zwei Perlen fädeln (die letzte in der Runde, zwischen die du gerade gefädelt hast und die erste der Runde, die du gerade hinzugefügt hast), um eine neue Runde beginnen zu können **(i)**.

Stich 3: Einfacher Spiralstich

Dieser Spiralstich ist von südafrikanischen Perlenarbeiten abgeleitet, besonders ähnlich denen des Zulu-Stammes, der für raffinierte und kunstvolle Perlenarbeiten bekannt ist. Es ist ein toller Mehrzweckstich, der eine hervorragende Kette für Anhänger abgibt und auch eine flexible und starke Basis für Verzierungen und Fädeleien bietet. Es gibt viele Variationen des Spiralstichs – die einfachste und hier gezeigte Form ist aus zwei Farben japanischer 11/0 Saatperlen gefertigt. Es gibt Variationen mit Kristallen in einigen Projekten in diesem Buch. Eine Farbe wird die innere Farbe oder Kernfarbe (KF) der Kette. Die andere Farbe wird die Außenfarbe (AF) der Kette. Es werden dreimal so viele Perlen der Außenfarbe wie der Innenfarbe benötigt.

1. Beginne, indem du vier Armlängen (ca. drei Meter) FireLine auf eine Nadel fädelst und gut wachst. (Eine Armlänge ist die Entfernung zwischen deiner Körpermitte und deinen Fingerspitzen des ausgestreckten Armes: Ca. 0,75 m.) Der Spiralstich verbraucht sehr viel Faden, also wirst du, während du eine Kette fädelst, öfter neu ansetzen müssen.

2. Fädele vier KF-Perlen und drei AF-Perlen auf. Lasse mindestens 35 cm am Ende des Fadens übrig. Fädele zurück durch die vier KF-Perlen und forme somit einen Kreis. Halte diesen Kreis so in der Hand, dass sich die AF-Perlen links befinden **(a)**.

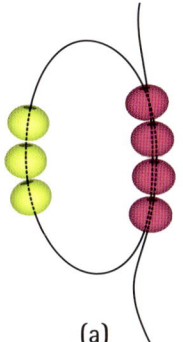

(a)

> ### *Tipp:* Mit langem Faden arbeiten
> Der Spiralstich kann, ebenso wie röhrförmiges Ndebele, von beiden Seiten gearbeitet werden, du kannst also mit langem Faden arbeiten, um häufiges Anstückeln zu verhindern. Beginne mit einem langen Faden und wickle die Hälfte um eine Spule. Wenn du eine Seite fertig gearbeitet hast, wickle den Faden von der Spule, fädele die Nadel ein und arbeite in der Gegenrichtung weiter. Es ist auch einfacher, nur mit halber Fadenlänge zu arbeiten.

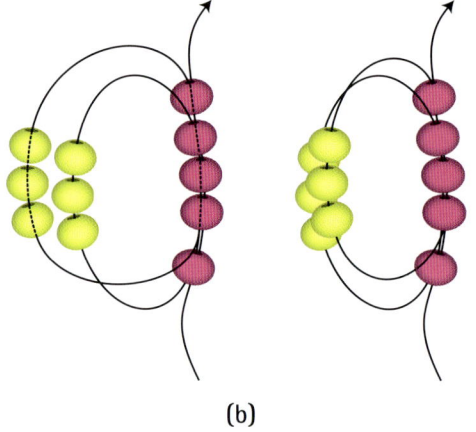

(b)

3. Fädele als Nächstes eine KF- und drei AF-Perlen auf und schiebe alle Perlen bis zur Spirale hinunter. Fädele nun durch die vier vorherigen KF-Perlen (inklusive der, die du gerade hinzugefügt hast) und lege den letzten Stich nach links um. Während du so weitermachst, entsteht eine Spirale. Wahrscheinlich musst du mehr als einmal einen neuen Faden ansetzen, während du die Spiralkette machst. Achte darauf, dass du die Knoten in den äußeren Perlen machst und nicht in den Kernperlen, weil du vielleicht Verzierungen an den Kernperlen anbringen möchtest **(b)**.

Stich 4: Ndebele oder Herringbone (Fischgrätenmuster)

Der Ndebele- oder Herringbonestich kommt ursprünglich vom Ndebele-Stamm in Südafrika. Er kann sowohl flach als auch röhrenförmig ausgeführt werden. Für die Projekte in diesem Buch benötigen wir nur den röhrenförmigen Stich. Röhrenförmiges Ndebele besteht aus einer Reihe von Leitern rund um die Außenseite der Röhre. Jede Leiter ist zwei Perlen breit. Die Perlen werden zueinander in einem Winkel positioniert, um das Fischgrätenmuster zu erzeugen.

Es gibt verschiedene Wege, um mit dem röhrenförmigen Ndebele zu beginnen. Diese Methode ist die traditionelle – und außerdem zu bevorzugen, da man in beide Richtungen arbeiten kann und man somit zwei einzelne Röhren nahtlos aneinandersetzen kann.

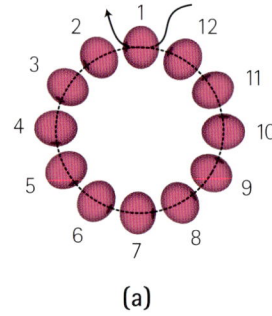

(a)

1. Die Anzahl der Leitern um die Röhre bestimmt die Anzahl der Perlen, die am Anfang aufgenommen werden müssen. Für jede Leiter musst du vier Perlen aufnehmen. In dem hier gezeigten Beispiel wird die Röhre drei Leitern haben. Also fängst du mit zwölf Perlen an (drei Leitern x vier Perlen pro Masche = zwölf Perlen). Wenn du deine Anfangsperlen aufgefädelt hast, fädele zurück durch die erste Perle, um einen Kreis zu formen **(a)**. Verknote den Faden nicht.

2. Nimm, wie in der Zeichnung zu sehen ist, zwei neue Perlen auf und steche durch die nächste Perle (Nummer 2). Lasse zwei Perlen (Nummer 3 und 4) im Kreis aus und fädele durch die nächste Perle (Nummer 5). Nimm nun zwei neue Perlen auf und steche durch die nächste Perle (Nummer 6). Lasse wieder zwei Perlen (Nummer 7 und 8) im Kreis aus und fädele durch die nächste Perle (Nummer 9). Nimm wieder zwei neue Perlen auf und fädele durch die nächste Perle (Nummer 10). Lasse die nächsten beiden Perlen (Nummer 11 und 12) im Kreis aus und fädele durch die nächste Perle (Nummer 1). An dieser Stelle musst du eine Stufe hoch und daher durch die erste hinzugefügte Perle fädeln. Nun kannst du das röhrenförmige Ndebele beginnen **(b)**.

Dieser traditionelle Anfang kann ein wenig schwierig sein, wenn du ihn zum ersten Mal machst, aber die Vorteile überwiegen die Nachteile. Wenn du deinen Faden strammziehst, sollten die Perlen in ihre Positionen gleiten und die drei Leitern formen. Vielleicht musst du ein wenig herumdrücken, um die Leitern in die richtige Position für den Anfang zu bekommen **(c)**.

3. Nachdem der Anfang gemacht ist, ist jede folgende Runde gleich. Wenn du mit der Nadel aus einer Perle der vorherigen Leiter herauskommst, nimmst du zwei neue Perlen auf und fädelst durch die zweite Perle der Leiter zurück. Fädele in U-Form und komme aus der ersten Perle der nächsten Leiter wieder heraus, wie in der Zeichnung beschrieben. Nimm zwei neue Perlen auf und fädele wieder durch die zweite Perle der Leiter **(d)**. Die Zeichnung zeigt röhrenförmiges Ndebele in einer 2D-Darstellung.

4. Arbeite so rundherum weiter, bis du zur ersten Leiter zurückkommst. Wie beim röhrenförmigen Peyote mit gerader Perlenanzahl musst du am Ende jeder Runde eine Stufe nach oben fädeln **(e)**. Wenn du diesen Schritt vergisst, werden deine Maschen eine Spirale formen, anstatt gerade nach oben zu verlaufen.

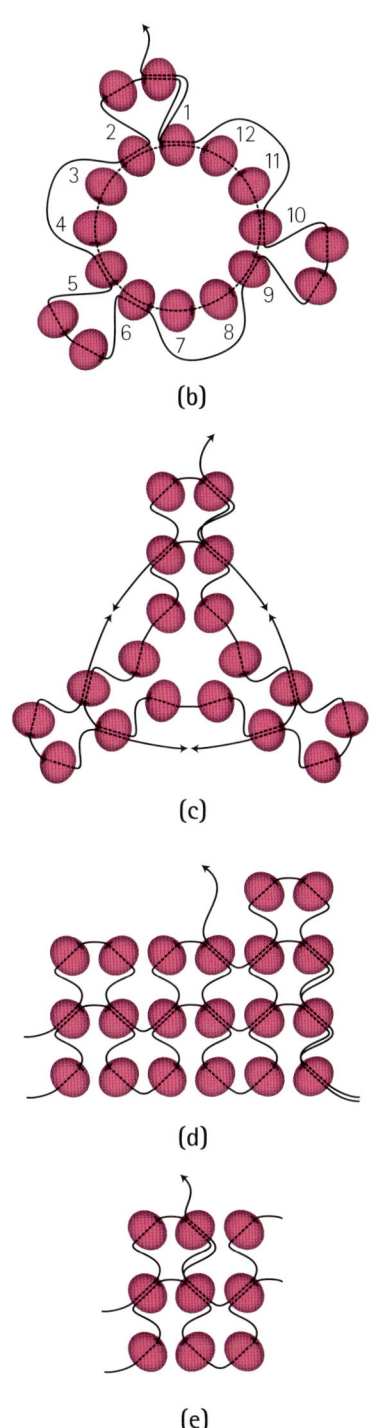

Kapitel Fünf

Zwei Einfassungstechniken

Die Technik des Umrahmens oder „Einfangens" eines Steines heißt Einfassen. Einfassungstechniken sind aus der Goldschmiedekunst bekannt, und Perlenkünstlerinnen haben sie für ihre Fädeltechniken adaptiert. Cabochons und Kristallsteine haben keine Löcher, also musst du eine Einfassung herstellen, um sie an ihrem Platz zu halten.

Es gibt zwei Basistechniken für das Einfassen von Steinen. Bei der ersten wird der Stein auf einem Stück Leder oder Stoff befestigt und dann eingefasst. Diese Technik eignet sich hervorragend für die Arbeit mit Cabochons und Steinen, die auf der Rückseite flach sind. Bei der zweiten Technik wird der Stein mit einer offenen Rückseite eingefasst. Diese Methode eignet sich besonders gut für Steine, die auf der Rückseite spitz sind, wie zum Beispiel Rivoli und Dentelle, die nicht direkt auf einer flachen Oberfläche angebracht werden können.

Technik 1: Auf einer Unterlage eingefasste Steine

Diese Methode eignet sich hervorragend, um einen auf der Rückseite flachen Cabochon oder Stein auf einer Unterlage aus Leder oder Stoff einzufassen. Die Anleitung verlangt E6000-Kleber, aber wenn dir die Gerüche zu streng sind, kannst du stattdessen auch mit doppelseitigem Klebeband arbeiten. Benutze einfach ein kleines Stück davon, wann immer die Anleitung Klebstoff verlangt.

1. Verteile mit einem Zahnstocher einen gleichmäßigen Film des E6000-Klebers auf der Rückseite des Cabochons und klebe den Stein auf das Leder oder den Stoff. Lasse den Kleber für mindestens zehn Minuten trocknen.

2. Fädele einen Arbeitsfaden Nymo oder FireLine (ca. 1,5 m bis 1,8 m lang) auf eine englische Perlennadel der Größe 12. Wachse den Faden gut, mache einen Knoten ans Ende und lasse ca. 6 mm Fadenrest hängen.

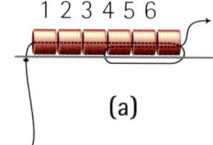
(a)

3. Führe die Nadel direkt neben dem Stein von der Unterseite durch den Stoff. Fädele sechs Zylinderperlen auf und steche die Nadel zurück durch den Stoff. Komme zwischen Perle drei und vier wieder durch den Stoff und fädele durch Perle 4, 5 und 6, um einen Rückstich zu machen (a).

4. Arbeite dich in dieser Weise um den Stein herum und vergewissere dich, dass du am Ende eine gerade Anzahl Perlen aufgestickt hast. Fädele noch einmal durch die ganze Länge der Perlen, damit sie eine gute Spannung haben.

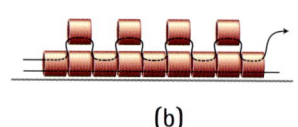
(b)

5. Beginne mit dem Peyotestich direkt über der Basisreihe (siehe Seite 18). Nimm, mit der Nadel aus einer Zylinderperle kommend, eine neue Perle auf, lasse die nächste Perle der Basisreihe aus und fädele durch die folgende Perle. Wiederhole den Prozess von „Perle aufnehmen, Perle auslassen, durch Perle hindurchfädeln" rund um den Stein herum. Wenn du das Ende der Runde erreichst, denke an die Stufe nach oben, bevor du die nächste Runde beginnen kannst (b).

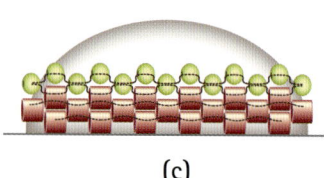
(c)

Fahre mit den Zylinderperlen im Peyotestich so lange fort, bis du zur Wölbung des Cabochons kommst. Wechsele an dieser Stelle zu den 15/0 Perlen. Diese Verringerung der Perlengröße bewirkt, dass sich die Einfassung nach innen wölbt und sich so dem Stein anpasst (c).

6. Fädele, nachdem du den Stein so hoch eingefasst hast, wie es dir gefällt, bis zur Basisreihe zurück und steche die Nadel durch den Stoff auf die Rückseite. Verknote den Faden mit einigen Knoten und schneide ihn bis auf ca. 6 mm ab.

7. Wenn du möchtest, kannst du eine zweite „Basisreihe" direkt neben der Einfassung mit Zylinderperlen und 15/0 Perlen im Stickstich (jeweils 6 Perlen) machen. Fädele danach noch einmal durch die gesamte Reihe und zurück durchs Leder. Verknote den Faden ein paar Mal auf der Rückseite. Diese zweite, gestickte Reihe um die Einfassung ist nicht unbedingt nötig, sie ist aber hübsch und kann eine Basisreihe für weitere Verzierungen um den Stein sein **(d)**.

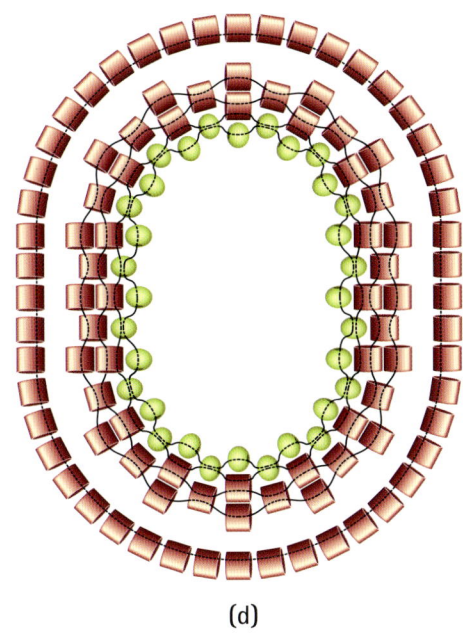

(d)

Technik 2: Hinten offene Einfassung

Diese Methode eignet sich am besten für Steine, die hinten spitz sind oder sonst eine unregelmäßige Rückseite haben. Hinten offene Einfassungen werden eigenständig gefertigt und können später auf einen textilen Untergrund aufgebracht oder auch ohne benutzt werden. Wie bei der ersten Einfassungstechnik wird auch hier der Peyotestich in Verbindung mit verschiedenen Perlengrößen verwendet, um die Einfassung an den Stein anzupassen.

1. Fädele zwei Armlängen (ca. 1,5 m) FireLine in eine englische Perlennadel der Größe 12 und wachse ihn gut.

2. Nimm genug Perlen auf, um deinen Stein an der dicksten Stelle zu umrahmen. Der Kreis deiner Zylinderperlen sollte perfekt passen – nicht zu locker, nicht zu fest. Außerdem sollte er eine gerade Perlenanzahl umfassen. Wenn aber nur eine ungerade Perlenanzahl eine perfekte Passform ergibt, füge immer eine Perle hinzu, anstatt eine wegzulassen. (Die Tabellen auf den Seiten 29–31 zeigen die Perlenanzahl für einige gängige Rivoli und andere Kristallsteine.) Verknote den Faden, um einen Kreis aus Perlen zu erhalten. Lasse ca. 38 cm Fadenrest hängen.

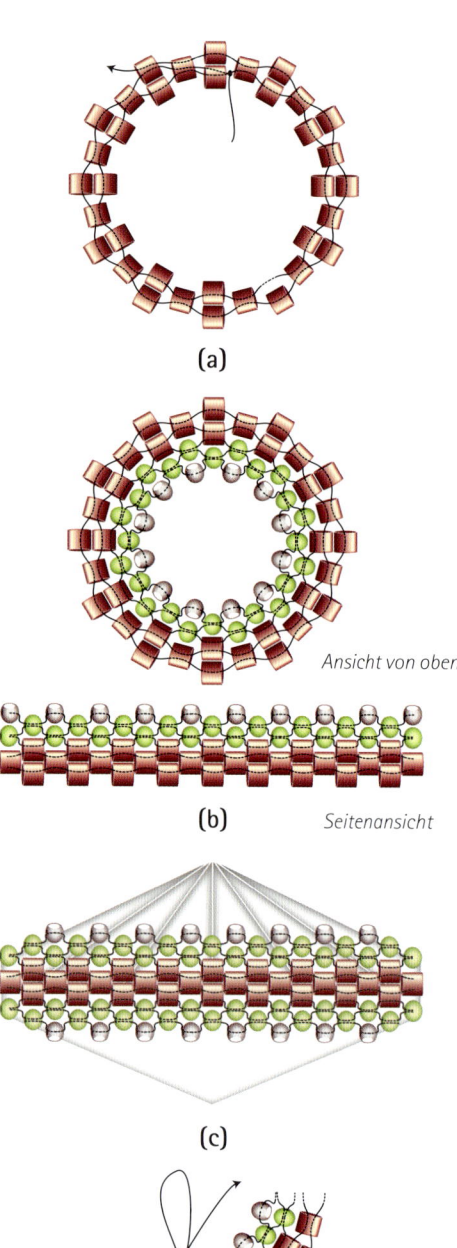

(a)

(b) *Ansicht von oben* / *Seitenansicht*

(c)

(d)

3. Fädele durch zwei oder drei Zylinderperlen, um den Knoten zu verstecken, und beginne dann den Peyotestich mit Zylinderperlen. Fädele ganz herum, um einen Ring aus Peyote zu formen, der drei Perlen breit ist. Am Ende der Reihe fädele jeweils eine Stufe herauf, um die nächste Reihe beginnen zu können. Mache den Schritt hinauf, indem du durch die allererste Perle der Reihe fädelst **(a)**.

4. Wechsele zu den 15/0 Perlen. Fädele eine bis vier Reihen mit diesen Perlen (abhängig davon, wie groß dein Stein ist). Ziehe den Faden stark an, wenn du Perlen hinzufügst, um eine Kuppel zu erhalten. Du kannst alles in einer Farbe arbeiten oder die Farbe wechseln, wenn du eine neue Reihe beginnst. Die Anzahl der Reihen der 15/0 Perlen hängt nicht nur von deiner Steingröße ab, sondern auch von der Fadenspannung.

Die Tabelle ist nur eine Richtlinie. Es ist immer besser, die Passform zu prüfen indem du den Stein hineinsteckst. So kannst du sehen, ob du noch eine weitere Reihe 15/0 Perlen benötigst **(b)**.

5. Fädele die letzte Runde aus 15/0 Charlotten. Wenn du diese Runde beendet hast, fädele zurück zur allerersten Runde, die du mit den Zylinderperlen gebildet hast. Lege den Stein mit der richtigen Seite nach oben in die Einfassung und halte ihn dort fest. Fädele eine bis vier Reihen 15/0 Perlen (dies hängt wieder von der Steingröße und deiner Fadenspannung ab) und beende wieder mit einer Reihe 15/0 Charlotten **(c)**.

6. Wenn du die Einfassung fertiggestellt hast, verknote den Faden ein- oder zweimal in der obersten Reihe, um alles zusammenzuhalten. Lasse den Faden an dem eingefassten Stein – du kannst ihn später benutzen, um Steine oder andere Verzierungen hinzuzufügen **(d)**.

Tipp: Die richtige Fadenspannung

Wenn du dazu neigst, den Peyotestich sehr stramm auszuführen, lasse in der allerersten Reihe eine Lücke von etwa einer Perlenbreite. Diese Lücke macht die erste Runde so lose, dass die Fadenspannung ausgeglichen wird.

Richtwerte für das Einfassen von Rivoli

Größe des Rivoli	Anzahl der Zylinderperlen in der 1. Runde	Rückseite	Vorderseite
10 mm	26 +1 Reihe Peyote	1 Reihe 15/0 1 Reihe Charlotten	1 Reihe 15/0 1 Reihe Charlotten
12 mm	30 +1 Reihe Peyote	1 Reihe 15/0 1 Reihe Charlotten	1 Reihe 15/0 1-2 Reihen Charlotten
14 mm	36 +1 Reihe Peyote	2 Reihen 15/0 1 Reihe Charlotten	2 Reihen 15/0 1 Reihe Charlotten
16 mm	40 bis 42 +1 Reihe Peyote	2 Reihen 15/0 1 Reihe Charlotten	3 Reihen 15/0 1 Reihe Charlotten
18 mm	46 +1 Reihe Peyote	2 Reihen 15/0 1 Reihe Charlotten	3 Reihen 15/0 1 Reihe Charlotten

Richtwerte für andere Kristalle*

Artikelnummer und Form	Anzahl der Zylinderperlen in der 1. Runde	Rückseite	Vorderseite
4650, 14 mm quadratischer Rivoli	42	2 Reihen 15/0 1 Reihe Charlotten	2 Reihen 15/0 1 Reihe Charlotten
4650, 18 mm quadratischer Rivoli	52	2 Reihen 15/0 1 Reihe Charlotten	2-3 Reihen 15/0 1 Reihe Charlotten
4655, 16 mm achteckiger Rivoli	44	2 Reihen 15/0 1 Reihe Charlotten	2 Reihen 15/0 1 Reihe Charlotten
großes Oval 20 x 30 mm	66	2 Reihen 15/0 1 Reihe Charlotten	3 Reihen 15/0 1 Reihe Charlotten
kleines Oval 13 x 18 mm	40	2 Reihen 15/0 1 Reihe Charlotten	1-2 Reihen 15/0 1 Reihe Charlotten
4439, 14 mm Kristallrahmen	44	2 Reihen 15/0 1 Reihe Charlotten	2 Reihen 15/0 1 Reihe Charlotten

*HINWEIS: Die Angaben sind nur allgemeine Richtwerte. Die Anzahl kann aufgrund von Perlengröße und Fadenspannung leicht variieren.

Artikelnummer und Form	Anzahl der Zylinderperlen in der 1. Runde	Rückseite	Vorderseite
1200, 60ss Dentelle	36	2 Reihen 15/0 1 Reihe Charlotten	2-3 Reihen 15/0 1 Reihe Charlotten
1200, 65ss Dentelle	40	2 Reihen 15/0 1 Reihe Charlotten	2-3 Reihen 15/0 1 Reihe Charlotten
1201, 17 mm runder Stein	40 bis 42	2 Reihen 15/0 1 Reihe Charlotten	2 Reihen 15/0 1 Reihe Charlotten
1201, 27 mm runder Stein	68	2-3 Reihen 15/0 1 Reihe Charlotten	3-4 Reihen 15/0 1 Reihe Charlotten
17 mm Dreieck	42	2 Reihen 15/0 (jede 7. Perle in der ersten Reihe abnehmen) 1 Reihe Charlotten	2 Reihen 15/0 (jede 7. Perle in der ersten Reihe abnehmen) 1 Reihe Charlotten
23 mm Dreieck	60	2 Reihen 15/0 (jede 10. Perle in der ersten Reihe abnehmen) 1 Reihe Charlotten	2 Reihen 15/0 (jede 10. Perle in der ersten Reihe abnehmen) 1 Reihe Charlotten

Kapitel Sechs
Verschlüsse

Dein Schmuckstück wird aufgewertet, wenn du dir die Zeit nimmst, um einen einzigartigen und wunderschönen Verschluss oder eine Schließe aus Perlen anzufertigen. Letzten Endes machen die Details den Unterschied aus. Die Projekte in diesem Buch beinhalten vier verschiedene Arten von Verschlüssen: Einen Knopf mit einer einfachen Öse, einen Knopf auf einer Zunge mit einer Öse aus Perlen, einen runden Knebelverschluss aus Perlen und einen quadratischen Knebelverschluss aus Perlen.

Ein Knopf mit Öse als Verschluss für eine Spiralkette

Ein antiker oder neuer Knopf ist ein wunderschöner und ungewöhnlicher Verschluss für eine Spiralkette, und außerdem ergibt er einen schönen Abschluss für die Kette. Diese Anleitung gilt für das Ende einer einfachen Spiralkette (mit 11/0 Saatperlen für die Außen- wie auch für die Kernperlen).

1. Benutze den Faden deiner fertiggestellten Spiralkette und nimm eine „Endperle" auf (eine 4 mm oder 6 mm Kristallperle eignet sich sehr gut). Fädele fünf bis sieben 11/0 Saatperlen (eine Anzahl, die in der Länge dem Radius des Knopfs entspricht), eine 4 mm Kristallperle und drei 15/0 Perlen auf. Fädele den Knopf so auf, dass du seine Schlaufe über die 15/0 Perlen schiebst. Fädele eine weitere 4 mm Perle auf (über die der Knopf nicht gleiten kann) und fünf bis sieben weitere 11/0 Perlen. Fädele nun zurück durch die Endperle und durch drei Kernperlen der Spiralkette (a).

2. Fädele drei Außenperlen auf, gehe zurück durch die Endperle, 11/0 Perlen, 4 mm Perle, 15/0 Perlen (mit dem Knopf darüber), 4 mm Perle und die 11/0 Perlen, um die Befestigung zu verstärken.

    Fädele wieder zurück durch die Endperle und dieses Mal nur durch zwei Kernperlen der Spiralkette (b).

3. Nimm zwei Außenperlen auf und fädele zurück durch die Endperle, 11/0 Perlen, 4 mm Perle, 15/0 Perlen (mit dem Knopf darüber), 4 mm Perle und die 11/0 Perlen. Wieder durch die Endperle und bei diesem Mal nur noch durch eine der Kernperlen der Spiralkette (c).

4. Nimm eine Außenperle auf, fädele durch die Endperle, 11/0 Perlen, 4 mm Perle, 15/0 Perlen (mit dem Knopf darüber), 4 mm Perle und die 11/0 Perlen (d). Fädele nach dieser letzten Verstärkung ein letztes Mal durch die Endperle und verknote den Faden an den Außenperlen.

    Um die Öse zu formen, fädelst du, nachdem du die Endperle hinzugefügt hast, so viele 11/0 Perlen auf, bis sie leicht über den Knopf am anderen Ende der Kette passen. Fädele das Ende der Kette, wie oben beschrieben.

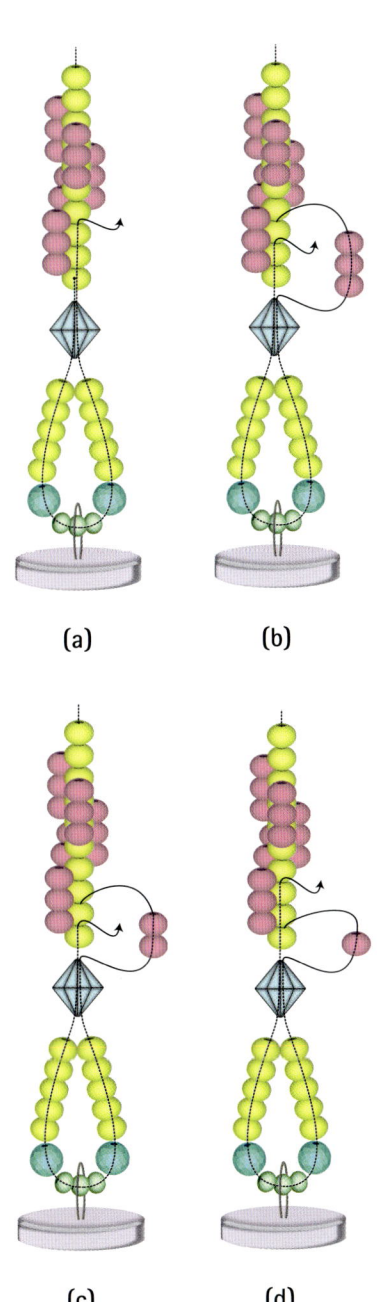

(a) (b)

(c) (d)

Ein Knopf auf einer Zunge mit Öse als Verschluss

Ein Knopf auf einer Zunge und dazu eine Öse aus Perlen ergeben einen wunderschönen und sicheren Verschluss für alle Arten von Armbändern aus Perlen.

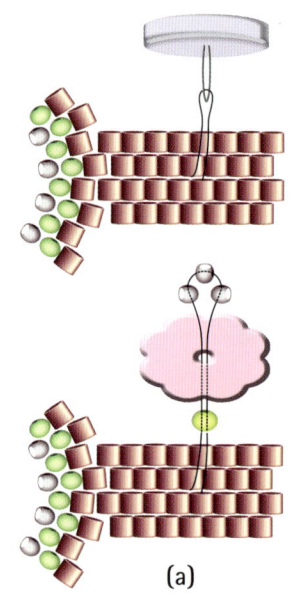

ZUNGE MIT KNOPF

1. Fädele, mit dem Knopfende beginnend, im Peyotestich eine Zunge an den letzten eingefassten Stein des Armbands. Diese Zunge kann jede Länge und Breite haben. (Meistens mache ich sie vier Perlen breit und etwas länger, als der Knopf breit ist.) Fädele zurück zur Mitte der Zunge und füge den Knopf hinzu, indem du ihn einfach annähst.

2. Wenn du eine Margarita oder einen Knopf mit Löchern verwendest, fädele eine 11/0 Perle unter dem Knopf auf und mache über dem Knopf einen Picot (siehe Seite 39) um ihn an seinem Platz zu halten. Die 11/0 Perle erzeugt etwas Bewegungsfreiheit, sodass man den Knopf leichter zuknöpfen kann **(a)**. Verstärke diese Befestigung.

Du kannst das Ende der Zunge mit Picots aus 15/0 Saatperlen oder 15/0 Charlotten verzieren. Dies wäre ein hübsches Detail und versteckt den Faden an den Seiten der Zunge.

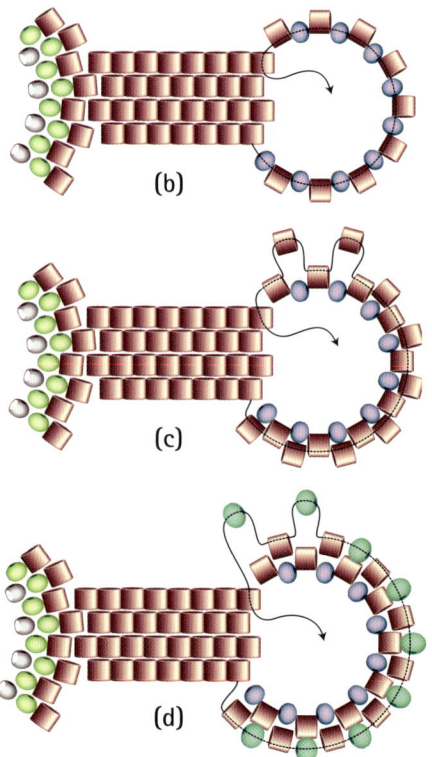

ÖSE

1. Fädele, um die Öse herzustellen, eine kurze Zunge, die genauso breit ist wie die Knopfzunge am anderen Ende des Armbands. Nimm, mit der Nadel aus der letzten Reihe kommend, abwechselnd zwischen 15/0 Perlen und Zylinderperlen einige Perlen auf. Wenn du genug Perlen hast, sodass sie bequem um den Knopf passen (mit ein paar zusätzlichen Perlen), forme eine Öse, indem du durch die andere Seite der Zunge fädelst **(b)**.

2. Führe die Nadel nun durch die Zunge zur anderen Seite, an der du mit der Öse angefangen hast, und beginne mit dem Peyotestich, indem du über jeder 15/0 Perle eine Zylinderperle hinzufügst **(c)**.

3. Nachdem du diese Reihe beendet hast, fädele wieder durch die Zunge und mache den Schritt eine Reihe hinauf. Fädele wieder eine Reihe im Peyotestich, dieses Mal mit 11/0 Perlen **(d)**.

4. Wenn du diese Runde mit den 11/0 Perlen beendet hast, fädele wieder durch die Zunge und auch wieder einen Schritt hinauf, sodass du aus einer der 11/0 Perlen aus der Vorreihe heraus kommst. Forme dieses Mal Picots aus 3 Charlotten zwischen jeder 11/0 Perle, um einen etwas gekräuselten Rand zu erhalten **(e)**.

Falls die Öse etwas zu groß für den Knopf ist, führe die Nadel zurück zur Innenseite der Öse und fädele eine oder zwei Reihen mit Charlotten innerhalb der Öse, damit sie besser passt.

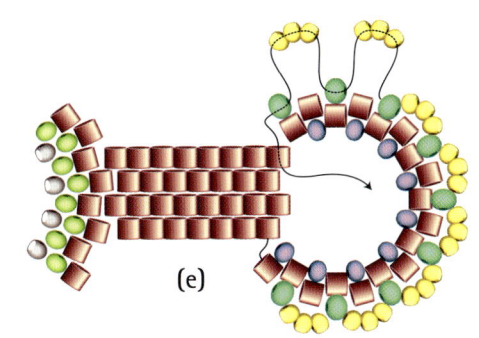

Runder Knebelverschluss

Dieser Knebelverschluss ist ausschließlich aus Perlen im Peyotestich gefädelt, er hat keinen Kern. Um den Verschluss zu fädeln, beginne mit der Öse.

ÖSE

1. Fädele 50 Zylinderperlen auf einen 1,5 m bis 1,8 m langen Faden. Lasse einen ca. 38 cm langen Fadenrest stehen und mache einen Knoten, um einen Kreis aus Perlen zu formen. Lasse einen ca. eine oder zwei Perlen breiten Platz, in dem der Faden zu sehen ist (bzw. zwei oder drei Perlen breit, wenn du sehr stramm fädelst) und beginne mit dem Peyotestich. Fädele eine Reihe Zylinderperlen, zwei Reihen 15/0 Perlen und zwei Reihen 15/0 Charlotten. Ziehe jede Reihe stramm, um den „Kuppeleffekt" zu erhalten.

2. Wenn du die erste Seite beendet hast, fädele zurück zur ersten Peyote-Reihe mit Zylinderperlen. Fädele zwei Reihen 15/0 Perlen und eine Reihe Charlotten darüber und ziehe jede Reihe stramm **(a)**. Wenn beide Seiten fertig sind, sieht der Ring wie ein unmontierter Autoreifen aus.

3. Fädele die letzte Reihe Charlotten mit der letzten Reihe Charlotten der ersten Seite wie bei einem Reißverschluss zusammen **(b)**. Diese Reißverschlussverbindung schließt die beiden Seiten zu einem soliden Ring.

4. Fädele eine Zunge an die mittlere Reihe der Zylinderperlen. Sie sollte zwei Perlen breit und 20 Reihen lang sein (zähle die Perlen an jeder Seite). Fädele die letzte Reihe der Zunge an die mittlere Reihe der Zylinderperlen wie bei einem Reißverschluss, wie auf der Zeichnung auf der nächsten Seite zu sehen ist **(c)**. Verziere den Rand dieser Zunge mit Picots aus Charlotten, indem du mit der Nadel, aus einer Randperle herauskommend, drei Charlotten aufnimmst und durch die nächste Randperle fädelst.

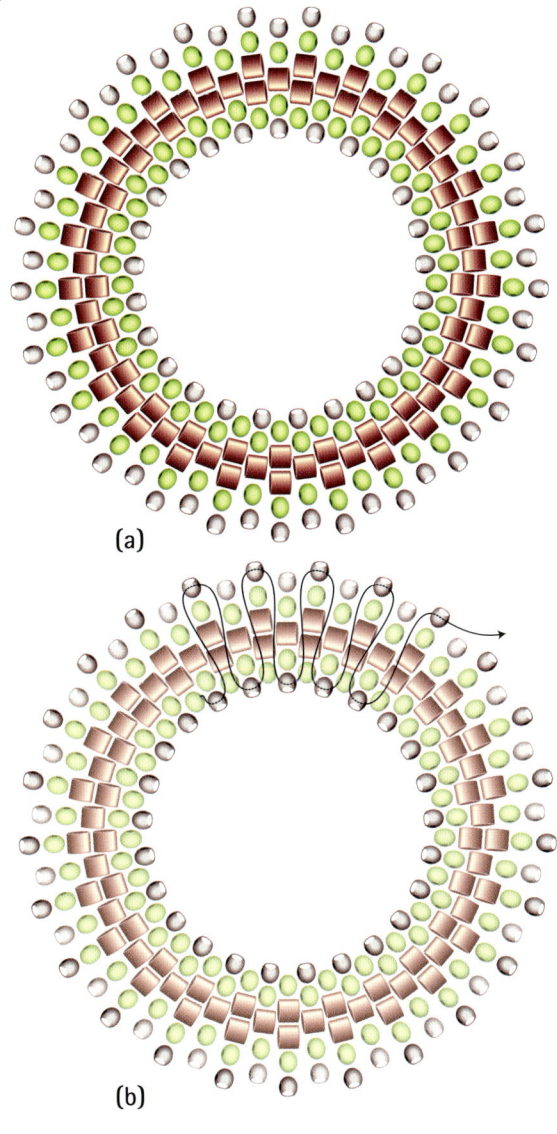

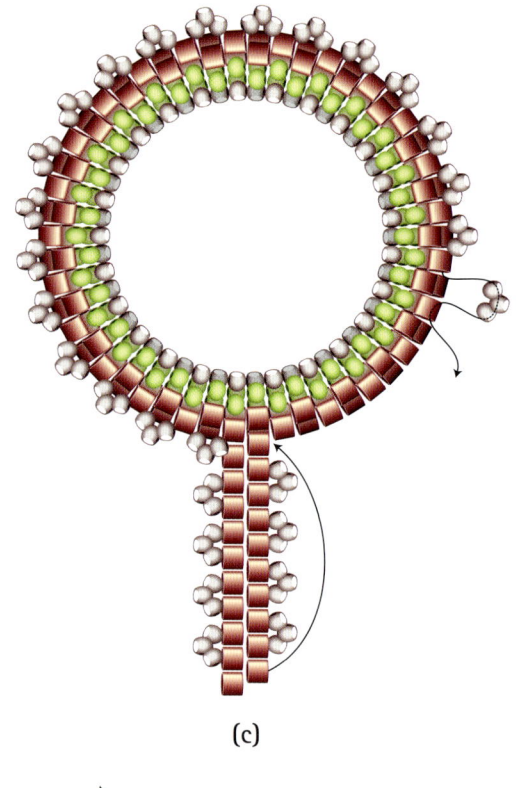

Du kannst auch Verzierungen um den ganzen Ring herum, zwischen den Perlen der mittleren Reihe der Zylinderperlen anbringen, indem du Picots anfügst. Wenn der Ring fertig ist, verknote und vernähe den Faden mehrfach, bevor du ihn abschneidest **(c)**.

KNEBEL

1. Fädele zwölf Zylinderperlen auf und arbeite im flachen Peyotestich. Fädele eine Fläche, die zwölf Perlen breit und zwölf Perlen lang ist (zähle jeweils sechs Perlen an einer Seite). Nähe die erste und letzte Reihe wie bei einem Reißverschluss zusammen, um eine Röhre zu erhalten **(d)**.

2. Nimm, mit der Nadel aus einer Perle am Ende der Röhre kommend, eine 15/0 Perle, eine 3–6 mm Rondelle und drei 15/0 Perlen auf. Fädele zurück durch die Rondelle, um einen Picot zu formen. Nimm nun eine weitere 15/0 Perle auf und fädele durch die nächste Zylinderperle am Ende der Röhre.

3. Fädele eine Kehrtwende und komme aus der dritten Perle am Ende der Röhre wieder heraus **(e)**. Nimm eine 15/0 Perle auf, fädele durch die Rondelle und durch alle drei 15/0 Perlen im Picot. Fädele wieder zurück durch die Rondelle und nimm eine weitere 15/0 Perle auf. Fädele nun durch die vierte Perle am Ende der Röhre. Wiederhole dies. Platziere je eine 15/0 Perle über jeder Randperle der Röhre, mit der Rondelle im Mittelpunkt.

4. Nachdem du eine Seite fertiggestellt hast, fädele durch die Röhre zur anderen Seite und wiederhole alles.

5. Führe deine Nadel in die Mitte der Röhre (zwischen der sechsten und siebten Spalte). Nimm, mit der Nadel aus der fünften Spalte kommend, eine Zylinderperle auf und fädele durch die nächste Perle in der Reihe (der siebten Spalte). Nimm eine weitere Zylinderperle auf und fädele zurück durch die Zylinderperle, die du gerade hinzugefügt hast. Fädele in dieser Weise vor und zurück, bis du einen zwei Perlen breiten und 20 Perlen langen Streifen hast (zähle zehn Perlen an jeder Seite). Nähe die letzte Reihe wie bei einem Reißverschluss an die erste Reihe an. Verziere die Ränder mit Picots aus Charlotten und verknote und vernähe den Faden, bevor du ihn abschneidest **(f)**.

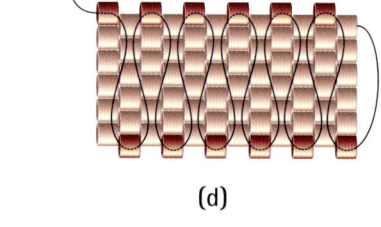

(d)

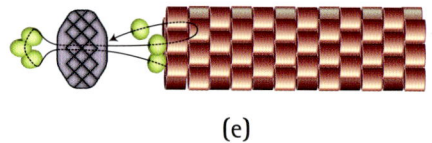

(e)

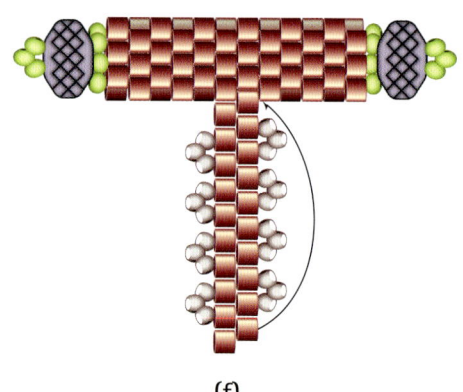

(f)

Quadratischer Knebelverschluss

Die Technik für runde Knebelverschlüsse kann mit einigen geringen Änderungen zu einem quadratischen Knebelverschluss umfunktioniert werden, der sehr gut zu quadratischen Kristallsteinen passt. Als Erstes musst du eine Anzahl von Perlen für die Basisrunde wählen, die durch vier teilbar und dieses Ergebnis eine gerade Zahl ist (Anmerkung: Ohne Rest durch acht teilbar). 48 würde zum Beispiel funktionieren, weil 48 durch vier geteilt zwölf ergibt.

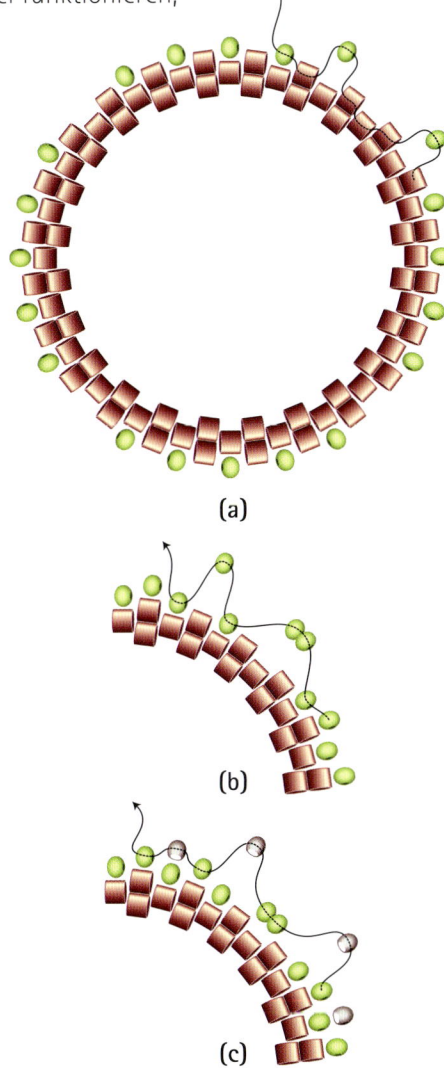

(a)

(b)

(c)

1. Beginne so, als wolltest du den runden Knebelverschluss machen (siehe Seite 35). Fädele die Basisrunde mit Zylinderperlen und eine weitere Runde im Peyotestich mit Zylinderperlen. Jetzt folgt der schwierige Teil: Beginne mit den 15/0 Perlen im Peyotestich – aber du musst vier Abnahmen im gleichen Abstand machen. Für den Fall eines Knebels mit 48 Perlen zum Beispiel heißt das, dass du jede sechste Perle auslassen musst. Fädele durch die Perle unter diesem Loch, um den Faden zu verstecken und fädele dann wieder hinauf um weiterzumachen **(a)**.

2. Wenn du die erste Runde mit den 15/0 Perlen fertiggestellt hast, fädele eine zweite Runde mit 15/0 Perlen. Fädele dieses Mal immer zwei 15/0 Perlen in die Löcher der letzten Runde **(b)**.

3. Fädele, wenn diese Runde fertig ist, einen Schritt hinauf und dann zwei Runden mit Charlotten. Fädele in der ersten dieser beiden Runden durch die beiden 15/0 Perlen (die wir für die Abnahme der letzten Runde brauchten), als wäre es nur eine Perle **(c)**. Fädele die zweite Reihe Charlotten wie gewohnt.

4. Wenn du die erste Seite fertiggestellt hast, fädele durch die Öse bis zur ersten Reihe Zylinderperlen und wiederhole das Muster auf der anderen Seite. Achte darauf, dass du die Abnahmen an denselben Stellen wie auf der ersten Seite machst. Füge nur eine Reihe Charlotten hinzu und nähe beiden Seiten wie bei einem Reißverschluss zusammen.

Stelle wie beim runden Knebelverschluss eine Verbindungszunge her, um den Verschluss an deiner Kette anbringen zu können. Der Knebel für den quadratischen Knebelverschluss ist derselbe wie für den runden (siehe Seite 36).

Kapitel Sieben
Verzierungen

Verzierungen fügen jedem Perlenschmuckstück Dimension und Feinheit hinzu. Die dekorativen Möglichkeiten sind endlos, aber die Projekte in diesem Buch basieren auf ein paar einfachen Techniken. Die Anleitungen für jedes Projekt enthalten die Verzierungen, dieses Kapitel gibt dir nur einen Überblick.

Picot-Verzierungen

„Picot" ist französisch und heißt „kleine Spitze" oder „kleiner Punkt". Bei Perlenarbeiten ist es eine Verzierung, die aus drei Saatperlen geformt wird. Wenn du durch eine oder mehrere Ausgangsperlen hindurchfädelst, erhältst du eine dreieckige Form oder Spitze aus diesen drei Perlen. Dies ist eine der einfachsten Arten der Verzierung und sie eignet sich hervorragend, um Dimensionalität und eine feine Veredelung an jede Art von Perlenarbeit zu bringen.

EINFACHER PICOT

Es gibt verschiedene Wege, Picots zu fädeln, je nachdem wo und wie dein Faden aus deiner Perlenbasis kommt. Du kannst einen einfachen Picot bilden, wenn dein Faden irgendwo aus deinen gefädelten Perlen kommt. Nimm eine Perle (egal welcher Größe) auf und dann drei Saatperlen (benutze für die Projekte immer 15/0 Charlotten). Mache eine Kehrtwende und fädle in der anderen Richtung zurück durch die erste Perle und in deine Perlenarbeit **(a)**.

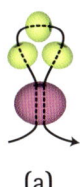

(a)

EINFACHER PEYOTE-PICOT

Die zweite Art von Picot wird aus einer Peyote-Basis heraus gefädelt. Benutze diesen Picot, wenn du etwas Dimensionalität auf eine Peyote-Oberfläche bringen möchtest. In vielen Projekten dieses Buches wird dieser Picot am Rand eines eingefassten Kristalls verwendet, um eine spitzenartige Verzierung herzustellen.

Nimm, mit der Nadel aus einer Perle mitten im Peyotestück kommend, drei Perlen (für die Projekte im Buch sind es immer 15/0 Charlotten) auf und fädle zurück durch die nächste Perle in derselben Reihe **(b)**.

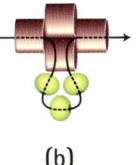

(b)

PEYOTE-PICOT ÜBER ZWEI PERLEN

Egal, ob du den Peyotestich mit gerader oder ungerader Perlenanzahl fertigst, wirst du immer feststellen, dass auf jeder Seite am Rand viel Faden zu sehen ist. Dieser Peyote-Picot über zwei Perlen verdeckt diesen Faden und erzeugt einen Randabschluss.

Nimm, mit der Nadel aus einer Randperle kommend, drei 15/0 Perlen auf und fädle dann durch die nächste Perle **(c)**. Jetzt hast du einen Picot gefädelt. Um den nächsten Picot zu fädeln, komme mit der Nadel durch die nächste Randperle. Wiederhole dies, bis du den gesamten Rand des Peyotestücks verziert hast.

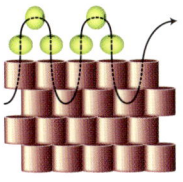

(c)

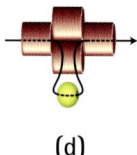

(d)

EIN-PERLEN-VERZIERUNG

Die Ein-Perlen-Verzierung ist eine vereinfachte Version des einfachen Peyote-Picots. Sie wird aus einer Peyote-Basis heraus gefädelt und erzeugt Dimension und eine feine Veredelung, aber nicht solch einen Spitzeneffekt wie der einfache Peyote-Picot **(d)**.

KRISTALLEXPLOSION

Die Kristallexplosion fügt deiner Perlenarbeit eine ganz neue Dimension von Glitzer und Tiefe zu. Sie ist recht einfach herzustellen, aber in hohem Maße verantwortlich für den Glitzerfaktor vieler Projekte in diesem Buch.

(e)

Diese Verzierung benötigt 11/0 Saatperlen, eine Kristallperle (Doppelkegel, rund usw.) und drei 15/0 Charlotten. Nimm, mit der Nadel aus deiner Perlenarbeit kommend (entweder aus einer Peyotestich-Einfassung oder dem Kern einer Spiralkette), eine 11/0 Perle, eine Kristallperle und drei 15/0 Perlen auf **(e)**. Fädele zurück durch die Kristallperle, die 11/0 Perle und in die nächste Perle der Perlenarbeit, an der du gerade arbeitest, hinein.

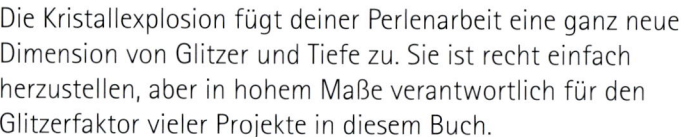

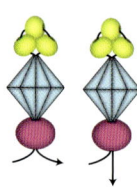

1. Es ist äußerst wichtig, die Fadenspannung zu halten. Ansonsten wird die Verzierung herunterhängen, anstatt abzustehen.

2. Die 11/0 Perle an der Basis der Verzierung schützt den Faden vor den scharfen Kanten des Kristalls.

3. Ziehe den Faden senkrecht nach unten fest, nicht diagonal, denn sonst könnest du den Faden an den scharfen Kanten der Perle beschädigen.

VERZIERUNG MIT VERZWEIGTEN FRANSEN

Die Verzierung mit verzweigten Fransen ahmt Baumgeäst oder Korallen nach. Es ist eine einfache Technik, die deiner Perlenarbeit Dimensionalität und Üppigkeit hinzufügt. Du kannst diese Verzierung vielen Fädeltechniken wie z. B. Peyote, Spiralkette oder Ndebele hinzufügen. Es folgen zwei Variationen: Kristallperlenfransen und Kristalltropfenfransen.

KRISTALLPERLENFRANSEN

Diese üppige, korallenartige Franse benötigt 11/0 Perlen, 15/0 Perlen und runde oder Doppelkegelkristalle. Fädele eine Reihe 11/0 Perlen (hier sind neun Perlen gezeigt) auf. Nimm dann eine Kristallperle und drei 15/0 Perlen auf und fädele zurück durch die Kristallperle und durch drei der 11/0 Perlen.

Nimm nun drei neue 11/0 Perlen, eine Kristallperle und drei 15/0 Perlen auf. Fädele zurück durch die Kristallperle und die drei 11/0 Perlen, bis du zurück zum Kern der Franse gelangst.

Fädele durch drei weitere Kernperlen zurück. Nimm drei neue 11/0 Perlen, eine Kristallperle und drei 15/0 Perlen auf. Fädele durch die Kristallperle und die 11/0 Perlen zurück zum Kern. Fädele auch durch die drei verbliebenen Kernperlen zu deiner Perlenarbeit zurück und vernähe den Faden, um die Franse zu sichern **(f)**.

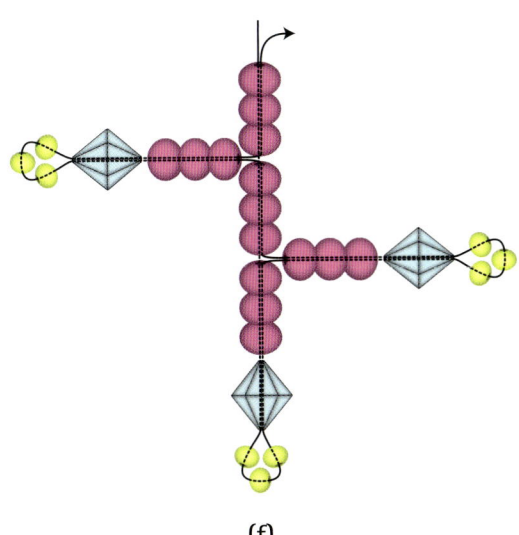

(f)

KRISTALLTROPFENFRANSEN

Diese Franse ist der Kristallperlenfranse sehr ähnlich, aber sie wird mit Kristalltropfen anstatt runden oder Doppelkegelkristallen gefädelt. Sie kann allen Arten von Perlenarbeiten hinzugefügt werden. Diese Art Franse ist in der Kristalldahlienhalskette auf Seite 114 zu sehen.

Beginne damit, eine Reihe von 11/0 Saatperlen (hier sind fünf Perlen gezeigt) aufzufädeln. Fädele dann drei 15/0 Perlen, einen Kristalltropfen und drei weitere 15/0 Perlen auf. Fädele zurück durch die letzte 11/0 Perle und wiederhole dies, indem du drei 15/0 Perlen, einen Kristalltropfen und drei weitere 15/0 Perlen auffädelst. Fädele nun durch die nächste 11/0 Perle und fahre so fort. Diese Technik ergibt eine vollere Franse als die Kristallperlenfranse und sieht sehr organisch, traubenartig aus **(g)**.

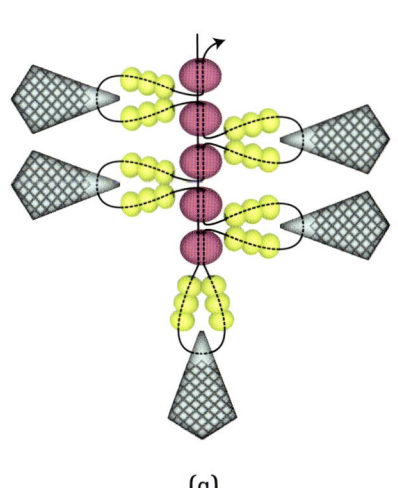

(g)

Die Projekte

Spiralkette aus Kristallen

Die Arbeitszeit variiert, aber rechne mit mindestens 2 bis 3 Stunden.

Die pinkfarbene Halskette wurde aus einer Variation der Spiralkette mit Kristalldoppelkegeln und japanischen 11/0 und 15/0 Saatperlen gefertigt. Du kannst hier mit 3 mm oder 4 mm Doppelkegeln arbeiten. Eine andere gute Wahl wären 3 mm oder 4 mm facettierte runde Perlen (Artikelnummer 5000).

Schritt 1: Die Spiralkette fertigen

Beginne damit, so viel FireLine auf eine Nadel zu fädeln, dass du gut damit arbeiten kannst. Eine Spirale kann von beiden Seiten gefädelt werden: Wenn du also mit einem langen Faden beginnst (vier bis sechs Armlängen), kannst du eine Hälfte um eine Spule wickeln (siehe Seite 13).

Die Spirale beginnt mit einem Basisstich. Jeder folgende Stich (Spiralstich) ist gleich und formt eine glitzernde Spirale, die sich um einen zentralen Punkt dreht wie eine Wendeltreppe.

Um den Basisstich zu machen, nimm vier 11/0 Saatperlen (Kernperlen), eine 15/0 Perle (Farbe A), eine 15/0 Perle (Farbe B), einen Kristalldoppelkegel (3 mm oder 4mm), eine 15/0 Perle (Farbe B) und eine 15/0 Perle (Farbe A) auf. Forme einen Kreis und fädele durch die ersten vier 11/0 Perlen, wie die Zeichnung zeigt **(a)**. Halte diesen Perlenring so in der Hand, dass die Kernperlen (11/0 Perlen) nach rechts zeigen und die 15/0 Perlen und Doppelkegel (die Außenperlen) nach links. Behalte diese Orientierung für eine gleichmäßige und ordentliche Spirale bei.

MATERIAL

- 15/0 Saatperlen, je 5 Gramm von zwei Farben (A und B)
- 11/0 Saatperlen, 5 Gramm einer Farbe
- 3 mm oder 4 mm Doppelkegel (#5301) oder runde Perlen (#5000), 288–432 Stück
- 4 mm, 6 mm oder 8 mm Kristall-(End-)Perlen (Doppelkegel oder Rondelle [#5040]), 6 Stück
- ein Knopf (Kristall, Metall, Perlmutt – alt oder neu) für den Verschluss

WERKZEUGE UND HILFSMITTEL

- englische Perlennadel Größe 12
- FireLine 6 lb.
- mikrokristallines Wachs
- Schere

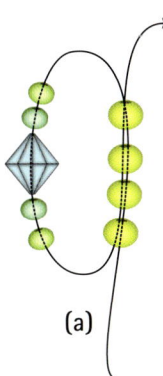
(a)

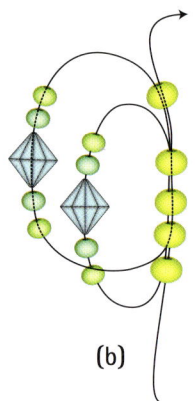

Der Spiralstich wird ausgeführt, indem eine 11/0 Perle (Kernperle) und die Basisserie der Außenperlen aufgenommen wird: eine 15/0 Perle (Farbe A), eine 15/0 Perle (Farbe B), ein Doppelkegel, eine 15/0 Perle (Farbe B) und eine 15/0 Perle (Farbe A). Schiebe alle Perlen bis zur Spiralbasis hinunter. Zähle vier Kernperlen rückwärts und fädele durch diese zurück, sodass deine Nadel am Ende durch die oberste Kernperle sticht. Schiebe diesen neuen Spiralstich auf die linke Seite und fädele wie beschrieben weiter, um deine Spiralkette zu erhalten **(b)**.

Schritt 2: Den Verschluss anbringen

Benutze das Fadenende deiner Spiralkette, um den Knopfverschluss anzubringen. Nimm drei 4 mm, 6 mm oder 8 mm Kristall-Endperlen, fünf bis zehn 15/0 Saatperlen, abhängig von der Knopfgröße (die Länge der aufgenommen 15/0 Perlen sollte dem Radius des Knopfes entsprechen), einen 3 mm oder 4 mm Doppelkegel, drei 11/0 Perlen (mit der Öse des Knopfes darüber), einen weiteren Doppelkegel und fünf bis zehn weitere 15/0 Perlen auf. Fädele zurück durch die Endperlen und durch die letzten drei Kernperlen der Spirale **(a)**. Wenn die Knopföse nicht über die 11/0 Perlen passt, kannst du alternativ 15/0 Perlen verwenden.

Nimm nun eine 15/0 Perle (Farbe A), eine 15/0 Perle (Farbe B), einen Doppelkegel und eine 15/0 Perle (Farbe B) auf. Fädele zurück durch die bereits angebrachten Endperlen, die 15/0 Perlen, den Doppelkegel, die drei 11/0 Perlen (mit der darübergeschobenen Knopföse), den zweiten Doppelkegel und die verbleibenden 15/0 Perlen. Fädele auch durch die Endperlen und die letzten zwei Kernperlen der Spirale **(b)**.

Nimm nun eine 15/0 Perle (Farbe A), eine 15/0 Perle (Farbe B) und eine 11/0 Perle (anstatt des Doppelkegels, da dieser sehr scharfkantig ist und den Faden beschädigen könnte) auf. Fädele zurück durch die bereits angebrachten Endperlen, die 15/0 Perlen, den Doppelkegel, die drei 11/0 Perlen (mit der darübergeschobenen Knopföse), den zweiten Doppelkegel und die verbleibenden 15/0 Perlen. Fädele auch durch die Endperlen und durch die letzte Kernperle der Spirale **(c)**.

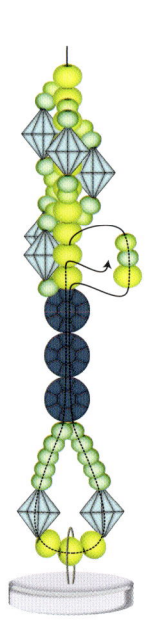

Nimm nun eine 15/0 Perle (Farbe A) und eine 15/0 Perle (Farbe B) auf. Fädele zurück durch die bereits angebrachten Endperlen, die 15/0 Perlen, den Doppelkegel, die drei 11/0 Perlen (mit der darübergeschobenen Knopföse), den zweiten Doppelkegel und die verbleibenden 15/0 Perlen. Fädele auch durch die Endperlen und vernähe und verknote den Faden in der Spiralkette, bevor du ihn abschneidest.

Wiederhole den Prozess am anderen Ende der Spirale, aber füge anstatt der Perlen mit dem Knopf eine Reihe von 15/0 Perlen, 11/0 Perlen und Doppelkegeln hinzu. Lang genug, um bequem um den Knopfverschluss zu passen.

VARIATIONEN

Wie im Projekt wurde diese hellgrüne Variante mit 4 mm Doppelkegeln, japanischen 11/0 Saatperlen (für die Kernperlen) und zwei japanischen 15/0 Saatperlen an den Seiten der Doppelkegel für die Außensequenzen gearbeitet. Der Knopfverschluss besteht aus einem 10 mm großen, dreieckigen Kristallknopf von Swarovski. Die champagner- und lilafarbene Variation hat ebenfalls japanische 11/0 Saatperlen als Kern. Die Außensequenz variiert gegenüber anderen Ketten: Eine 15/0 Perle, eine 2 mm runde Kristallperle (Artikelnummer 5000), ein 4 mm Doppelkegel, eine 2 mm runde Kristallperle und eine weitere 15/0 Saatperle. Der Knopfverschluss besteht aus einem 14 mm großen, emaillierten Kupferknopf.

Diese Kristallspiralen-Armbänder sind kürzere Variationen der Halsketten. Alle drei wurden mit 4 mm Doppelkegeln, japanischen 11/0 Saatperlen (als Kernperlen) und zwei japanischen 15/0 Saatperlen auf jeder Seite des Doppelkegels als Außensequenz gearbeitet. Die Knöpfe sind 10 mm große, dreieckige Kristallknöpfe von Swarovski. Wenn du eine Halskette und ein Armband aus den gleichen Perlenfarben und mit derselben Art von Verschluss fertigst, kannst du die beiden Stücke zusammenknöpfen und als lange Kette tragen – oder die beiden Einzelstücke als Set tragen.

Wasserfallanhänger aus Kristallen

Die Arbeitszeit variiert, aber rechne mit mindestens 3 bis 5 Stunden.

Dieser Anhänger repräsentiert eine der Möglichkeiten, eingefasste Kristalle mit Perlenarbeiten zu verbinden. Du kannst die Steingröße für unterschiedliche Effekte verändern. Der Anhänger kann an einem Halsreif oder jeder anderen Art Halskette getragen werden – auch an einem Leder- oder Seidenband, an aufgefädelten Perlen oder einer Spiralkette. Die Anleitung erläutert drei aufsteigende Größen runder Kristallsteine, aber du kannst auch einen oder mehrere quadratische Steine verwenden. Das Foto zeigt einen quadratischen Stein 14 mm (Artikelnummer 4650) in der Mitte.

MATERIAL
- 27 mm Kristallstein (#1201)
- 18 mm Rivoli (#1122)
- 14 mm Rivoli (#1122)
- 11/0 Zylinderperlen, 5 Gramm von einer Farbe
- 15/0 Saatperlen, je 2 Gramm von drei Farben
- 15/0 Charlotten, 5 Gramm einer Farbe
- Halskette, -reif oder Kordel aus Metall

WERKZEUGE UND HILFSMITTEL
- englische Perlennadel Größe 12
- FireLine 6 lb.
- mikrokristallines Wachs
- Schere

Schritt 1: Die Rivoli einfassen

Als Erstes werden die Kristallsteine eingefasst. Fasse den 14 mm Rivoli, 18 mm Rivoli und den 27 mm großen, runden Stein mit der Technik 2 von Seite 27 ein.

Schritt 2: Die eingefassten Steine verbinden und verzieren

Fädele, um die eingefassten Steine zu verbinden, einen Restfaden des 18 mm Rivoli zur mittleren Reihe der drei Reihen aus Zylinderperlen der Einfassung. Mit der Nadel aus einer dieser Einfassungsperlen kommend, nimm eine Zylinderperle auf und fädele durch die nächste Zylinderperle der Reihe. Wiederhole dies, sodass du nun zwei Zylinderperlen hast, die von der Einfassung abstehen.

Nimm eine Zylinderperle auf und fädele im Peyotestich zurück, um eine vier Perlen breite Zunge zu erhalten. Fädele im Peyotestich weiter, bis du vier Reihen gemacht hast (zähle zwei Perlen auf jeder Seite).

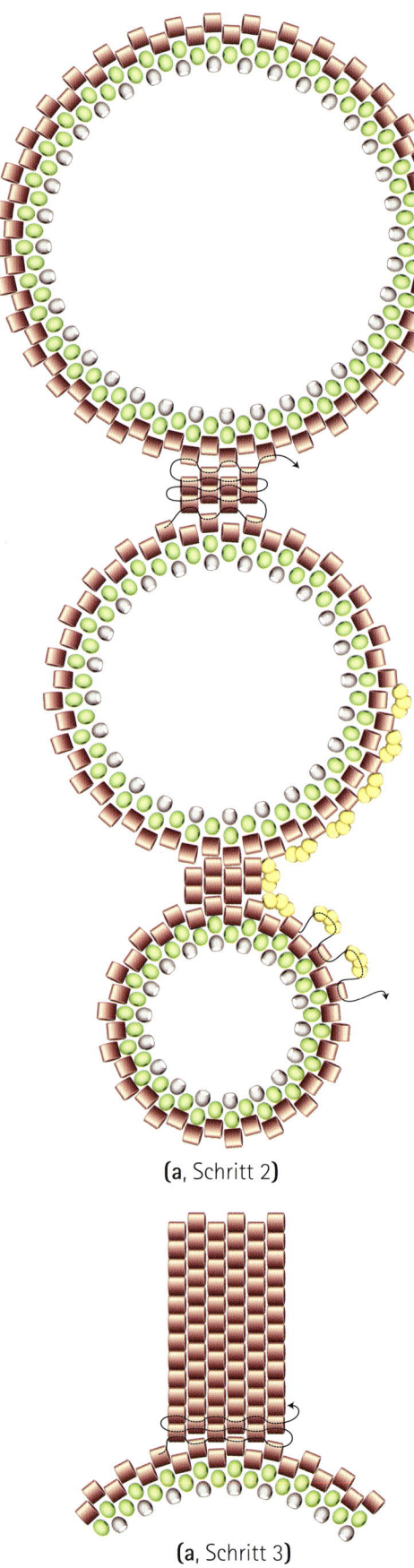

Fädele diese Zunge nun in die Einfassung des 14 mm Rivoli wie bei einem Reißverschluss. Nachdem die Zunge angefädelt ist, benutze den Faden, um den Rand des 14 mm Rivoli mit Picots aus je drei Charlotten zwischen den zylindrischen Randperlen zu verzieren. Mache diese Verzierungen auch auf beiden Seiten der Verbindungszunge zwischen den beiden Steinen.

Nachdem die Randverzierungen um den 14 mm Rivoli und an beiden Seiten der Zunge fertig sind, vernähe, verknote und schneide den Faden ab.

Fädele nun eine Zunge an die andere Seite des 18 mm Rivoli – genau auf der anderen Seite und ebenfalls vier Perlen breit und vier Reihen lang. Nähe den 18 mm Rivoli damit an die Einfassung des 27 mm Rivoli wie bei einem Reißverschluss.

Benutze den Restfaden, um sowohl den Rand des 18 mm als auch den des 27 mm Rivoli mit Picots aus 15/0 Charlotten einzufassen. Du kannst weiter um den 18 mm Rivoli und die Zunge herum arbeiten, aber da du noch die Anhängeröse (für die Halskette) an den obersten Stein fädeln willst, lasse Platz für die Öse **(a)**.

Schritt 3: Die Anhängeröse fädeln

Fädele die Anhängeröse an das obere Ende des 27 mm Steins. Beginne etwas neben der Mitte, in der mittleren Reihe der Einfassung mit dem Peyotestich mit gerader Perlenanzahl (sechs Perlen breit, drei auf der Hinreihe und drei auf der Rückreihe). Fädele eine ca. 24 Reihen lange (zähle zwölf Perlen auf jeder Seite) Zunge im Peyotestich. Wenn die Zunge fertig gefädelt ist, falte sie und vernähe sie mit der ersten Reihe wie bei einem Reißverschluss **(a)**.

Wenn die Öse fertig ist, beende die Picots um den 27 mm Stein mit 15/0 Charlotten und verziere dann auch die Seiten der Anhängeröse mit Picots. Wenn du alle Verzierungen fertiggestellt hast, vernähe und verknote den Faden mehrfach, bevor du ihn abschneidest.

Fädele deinen fertigen Anhänger auf eine Halskette, einen Halsreifen, ein Leder- oder Seidenband.

(a, Schritt 2**)**

(a, Schritt 3**)**

VARIATIONEN

Dieser Anhänger wurde wie der Anhänger im Projekt gearbeitet, aber mit einem 16 mm Rivoli in der Farbe Saturn, einem 14 mm Rivoli in der Farbe Light Vitrail und einem 12 mm Rivoli in der Farbe Crystal AB. Die insgesamt kleineren Steine geben dieser Variation ein grazileres Aussehen.

Diese drei gläsernen, floralen Cabochon-Anhänger sind Variationen des Wasserfallanhängers. Sie wurden genauso gearbeitet wie der Kristallanhänger, jedoch wurden die Cabochons mit der ersten Einfassungstechnik (Seite 26) auf Leder eingefasst. Die anderen Steine wurden hinten offen eingefasst und dann alle drei miteinander verbunden.

Die fertigen Anhänger wurden auf Lederbänder gefädelt und dazu kamen auf jeder Seite im Peyotestich gefädelte Perlen. Die Lederbänder wurden zum Verschließen verknotet.

Tipp: Steingrößen variieren

Schaffe einen kleineren, feineren Anhänger, indem du 18 mm, 16 mm und 14 mm Rivoli oder 18mm, 16 mm und 12 mm Rivoli benutzt. Du kannst auch einen Cabochon oder einen Knopf (mit entfernter Öse) als obersten Stein benutzen. Fasse in diesem Fall den Stein auf Leder ein (siehe Seite 26).

Wasserfallohrringe aus Kristallen

Die Arbeitszeit variiert, aber rechne mit mindestens 3 bis 4 Stunden.

Diese Ohrringe sind vereinfachte Versionen des Wasserfallanhängers (siehe Seite 48). Du kannst sie mit der Kette oder auch allein tragen. Für diese Art Ohrringe empfehle ich Ohrhaken. Du kannst die Rückseite des obersten Steines aber auch mit einem Epoxidkleber an einen Ohrstecker kleben.

Schritt 1: Die Steine einfassen

Der erste Schritt besteht darin, die Steine einzufassen. Fasse zwei 12 mm Rivoli und zwei 16 mm Rivoli (jeweils einen für einen Ohrring) mit der Technik 2 von Seite 27 ein. Verknote den Faden einmal nach jeder Einfassung, um ihn zu sichern.

MATERIAL

- 16 mm Rivoli (#1122), 2 Stück
- 12 mm Rivoli (#1122), 2 Stück
- 11/0 Zylinderperlen, 5 Gramm einer Farbe
- 15/0 Saatperlen, je 1 Gramm von drei Farben
- 15/0 Charlotten, 3 Gramm einer Farbe
- versilberte oder vergoldete Ohrhaken

WERKZEUGE UND HILFSMITTEL

- englische Perlennadel Größe 12
- FireLine 6 lb.
- mikrokristallines Wachs
- Schere

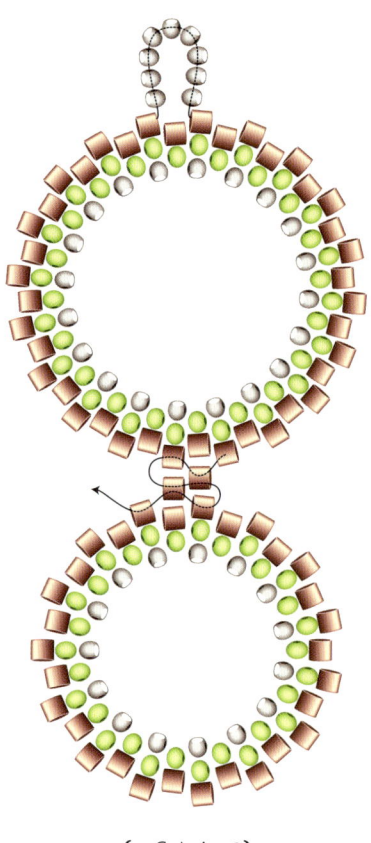

(a, Schritt 2)

Schritt 2: Die Steine verbinden

Fädele einen Restfaden des 16 mm Rivoli bis zur Mittelreihe der drei Reihen Zylinderperlen der Einfassung. Nimm, mit der Nadel aus einer der Perlen der Mittelreihe kommend, eine Zylinderperle auf und fädele durch die nächste Zylinderperle in der Reihe. Nimm wieder eine Zylinderperle auf und fädele im Peyotestich in die andere Richtung zurück, sodass eine zwei Perlen breite und zwei Reihen lange Zunge entsteht. Vernähe nun diese Zunge wie bei einem Reißverschluss in die Einfassungsperlen des 12 mm Rivoli **(a)**.

Schritt 3: Randverzierungen

Benutze den Restfaden, nachdem die Zunge vernäht ist, um den Rand des 12 mm Rivoli mit Picots aus 15/0 Charlotten zu verzieren. Platziere jeweils drei Charlotten zwischen den Perlen der mittleren Einfassungsreihe.

Wenn du den Rand des 12 mm Rivoli und die Zunge fertig verziert hast, arbeite an dem Rand des 16 mm Steines in gleicher Art weiter. Wenn du die oberste Stelle des 16 mm Rivoli erreicht hast, nimm, anstatt einen Picot zu fädeln, neun Charlotten auf, bevor du durch die nächste Zylinderperle fädelst. Diese Charlotten bilden die Öse, um den Ohrhaken zu befestigen.

Wenn du alle Einfassungsränder und die Ränder der Zunge verziert hast, verknote und vernähe den Faden, bevor du ihn abschneidest.

Schritt 4: Die Ohrhaken anbringen

Nachdem du beide Steinpaare verbunden und verziert hast, kannst du die Ohrhaken anbringen. Öffne die Öse am Ohrhaken mit einer Spitzzange, schiebe den Ring aus Charlotten am oberen Ende des Anhängers über diese Öse und verschließe sie mit der Zange wieder **(a)**.

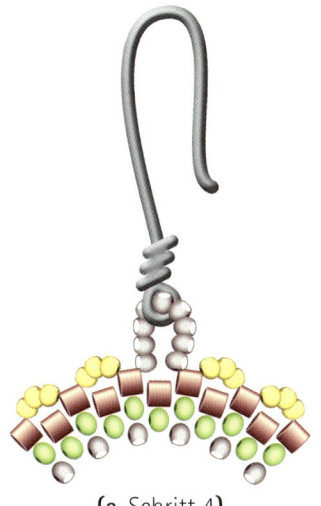

(a, Schritt 4)

WICKELARMBAND

Die Arbeitszeit variiert, aber rechne mit mindestens 12 bis 15 Stunden.

Dieses Armband wurde gestaltet, um dir zu zeigen, wie man kleine, österreichische Kristallsteine mit hinten offener Einfassung versehen und diese dann zu einem wunderschönen Wickelarmband verbinden kann.

Schritt 1: Die Steine einfassen

Der erste Schritt besteht darin, die Steine einzufassen. Fasse 27 der 10 mm großen Rivoli (oder 12 mm Rivoli, wenn du möchtest) mit der Technik 2 von Seite 27 ein.

Schritt 2: Die Steine verbinden

Wenn du die Steine fertig eingefasst hast, kannst du diese nun verbinden. Arbeite mit einem Restfaden einer Einfassung und fädele zur mittleren Reihe der Zylinderperlen der Einfassung.

MATERIAL

- 10 mm Rivoli (#1122), 15 in einer, 12 in einer anderen Farbe, 27 Stück
- 11/0 Zylinderperlen, je 6 Gramm in zwei Farben
- 15/0 Saatperlen, je 6 Gramm in zwei Farben
- 11/0 Saatperlen, 5 Gramm einer Farbe
- 15/0 Metall-Charlotten, 5 Gramm einer Farbe
- 2 Bänder aus Ziegenleder (jedes ca. 30,5 cm lang und 6 mm breit)

WERKZEUGE UND HILFSMITTEL

- englische Perlennadel Größe 12
- FireLine 6 lb.
- mikrokristallines Wachs
- Schere

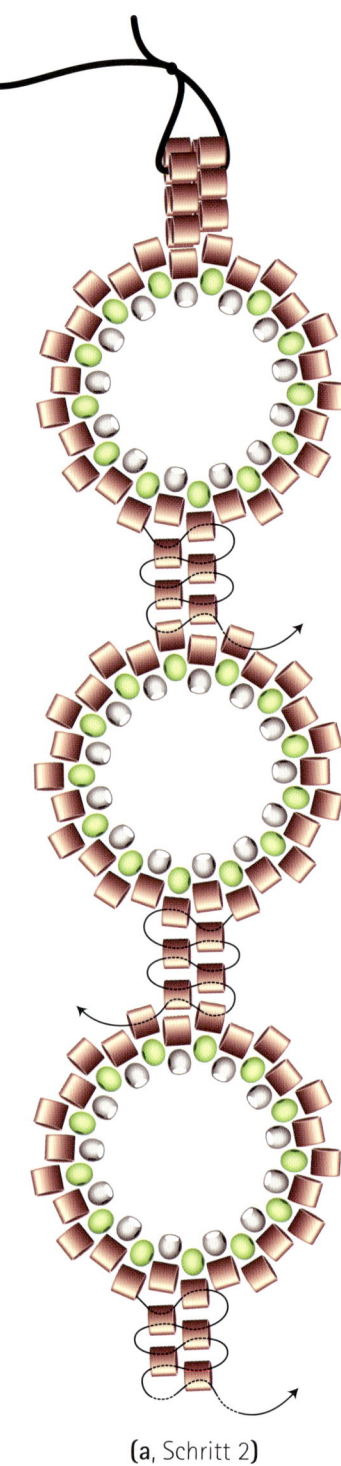

Nimm eine Zylinderperle auf und fädele durch die nächste Zylinderperle der mittleren Reihe. Nimm eine weitere Zylinderperle auf und fädele zurück durch die Perle, die du gerade hinzugefügt hast. Dieser Stich ergibt eine zwei Perlen breite Zunge **(a)**. Fädele noch einmal vor und zurück, um eine vier Reihen lange Zunge zu erhalten (zähle zwei Perlen an jeder Seite).

Nähe diese Zunge nun wie bei einem Reißverschluss an die Mittelreihe der Einfassung des nächsten Rivoli. Sichere diese Verbindung danach mit einem Knoten.

Führe deine Nadel zur anderen Seite des zweiten Steines und fädele erneut eine Zunge, um den dritten Stein zu verbinden. Du wirst elf Perlen und freie Stellen zwischen den Zungen der mittleren Reihe der Einfassung frei lassen müssen, um eine gleichmäßige Verbindung zu erhalten.

Sollte deine Nadel eine Perle neben der Stelle herauskommen, an der die Zunge beginnen soll, überbrücke die Stelle, indem du durch die Perlen fädelst. Mache eine Kehrtwende und komme dann mit der Nadel aus der entgegengesetzten Richtung heraus **(b)**. Dieser Vorgang versetzt den Nadelausgang und deine Zunge kann an der richtigen Stelle beginnen.

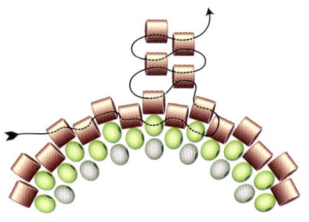

(**b**, Schritt 2)

(**a**, Schritt 2)

Schritt 3: Die Endösen fädeln

Wenn du alle 27 Rivoli zusammengenäht hast, fädelst du an jedes Ende der Kette eine Öse, um den Verschluss anzubringen. Beginne diese Ösen so, wie du die Zungen zur Verbindung der Rivoli begonnen hast – aber mache sie länger (nun zwölf Reihen anstatt vier).

Wenn du die zwölf Reihen (zähle sechs Perlen an jeder Seite) lange Zunge fertig gefädelt hast, falte sie zusammen und vernähe sie mit der ersten Reihe wie bei einem Reißverschluss, um eine Öse zu erhalten. Wiederhole dies auf der anderen Seite.

Schritt 4: Randverzierungen

Verziere das gesamte Schmuckstück mit einem einfachen Rand aus Charlotten und 11/0 Saatperlen. Fädele einen einfachen, ca. vier Armlängen langen, Faden FireLine auf deine Nadel. Beginne damit, den Faden an einem Ende deiner Perlenarbeit zu verknoten. Verziere dann wie folgt:

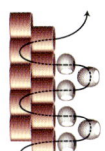

(a, Schritt 4)

Entlang der Zungen und Endösen: Füge, mit der Nadel aus einer Zylinderperle kommend, drei 15/0 Charlotten hinzu und führe die Nadel durch die nächste Zylinderperle **(a)**.

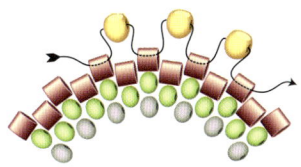

(b, Schritt 4)

Entlang der Rivoli: Fädele je eine 11/0 Saatperle zwischen jede „Hochperle" in der mittleren Reihe der Zylinderperlen **(b)**.

Schritt 5: Das Lederband anbringen

Der letzte Schritt besteht darin, die beiden Ziegenlederbänder an den Enden der Perlenarbeit zu befestigen. Um ein Band hinzuzufügen, fädele es durch die Endöse des Armbands und schließe es mit einem Knoten ab. Füge das zweite Band an der anderen Seite hinzu **(a)**.

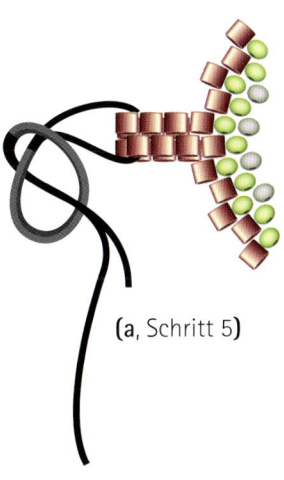

(a, Schritt 5)

59

Halskette im Jugendstil

Die Arbeitszeit variiert, aber rechne mit mindestens 14 bis 16 Stunden.

Diese Halskette wurde für einen einwöchigen Kursus der Hacienda Mosaico in Puerto Vallarta, Mexico, kreiert. Das Design wurde von den wunderschönen, filigranen Schmuckstücken des frühen Jugendstils inspiriert.

Du benötigst mindestens zwei verschiedene Größen von Kristallsteinen. Ich habe antike, quadratisch facettierte Steine (8 mm) in der Farbe Aquamarin und antike, facettierte Baguettesteine (rechteckige, 10 mm x 16 mm) in der Farbe Peridot verwendet. Arbeite mit den Größen und Formen, die dir gefallen. Runde, ovale oder gleichmäßig dreieckige Kristallsteine wären ebenfalls schön.

Ich habe zehn Steine in der Farbe Aqua und neun in der Farbe Peridot verwendet, aber deine Wahl sollte davon abhängen, welche Größe die Steine haben und wie lang die fertige Kette sein soll. Lege deine Steine aus, um einen besseren Eindruck von der Länge zu bekommen. Besorge dir ein Dutzend von jeder Sorte, wenn du unsicher bist – zu viele sind immer besser als zu wenige.

MATERIAL

- Kristallsteine, Anzahl variiert
- 11/0 Metall-Zylinderperlen, 20 Gramm
- 15/0 Saatperlen, 10 Gramm
- 15/0 Metall-Charlotten, 15 Gramm
- Süßwasserperlen (eine für jeden größeren Stein und 20-30 als Zwischenperlen je nach gewünschter Kettenlänge)

WERKZEUGE UND HILFSMITTEL

- englische Perlennadeln Größe 12 und 13
- FireLine 6 lb.
- mikrokristallines Wachs
- Schere

Schritt 1: Die Steine einfassen

Der erste Schritt besteht darin, alle Steine einzufassen. Du kannst mit jeder Steingröße die dir gefällt, arbeiten, angefangen bei 10 mm bis zu 18 mm. Du kannst auch vielfältige Steinformen wählen. Fasse die Steine mit der Technik 2 von Seite 27 ein.

Nachdem du die Steine eingefasst hast, verknote und vernähe beide Fadenreste, bevor du den Faden abschneidest.

Schritt 2: Den Verschluss herstellen

Der Knebelverschluss entsteht ausschließlich aus Saatperlen in verschiedenen Größen. Folge der Anleitung auf Seite 35 in Kapitel sechs, um ihn herzustellen.

Schritt 3: Das Verbinden der Steine

Wenn du den Verschluss fertiggestellt hast, kannst du alle Teile verbinden. Fädele einen doppelten Faden FireLine in deine Nadel. Die Steine werden alle in einem Durchgang verbunden und verziert **(a)**.

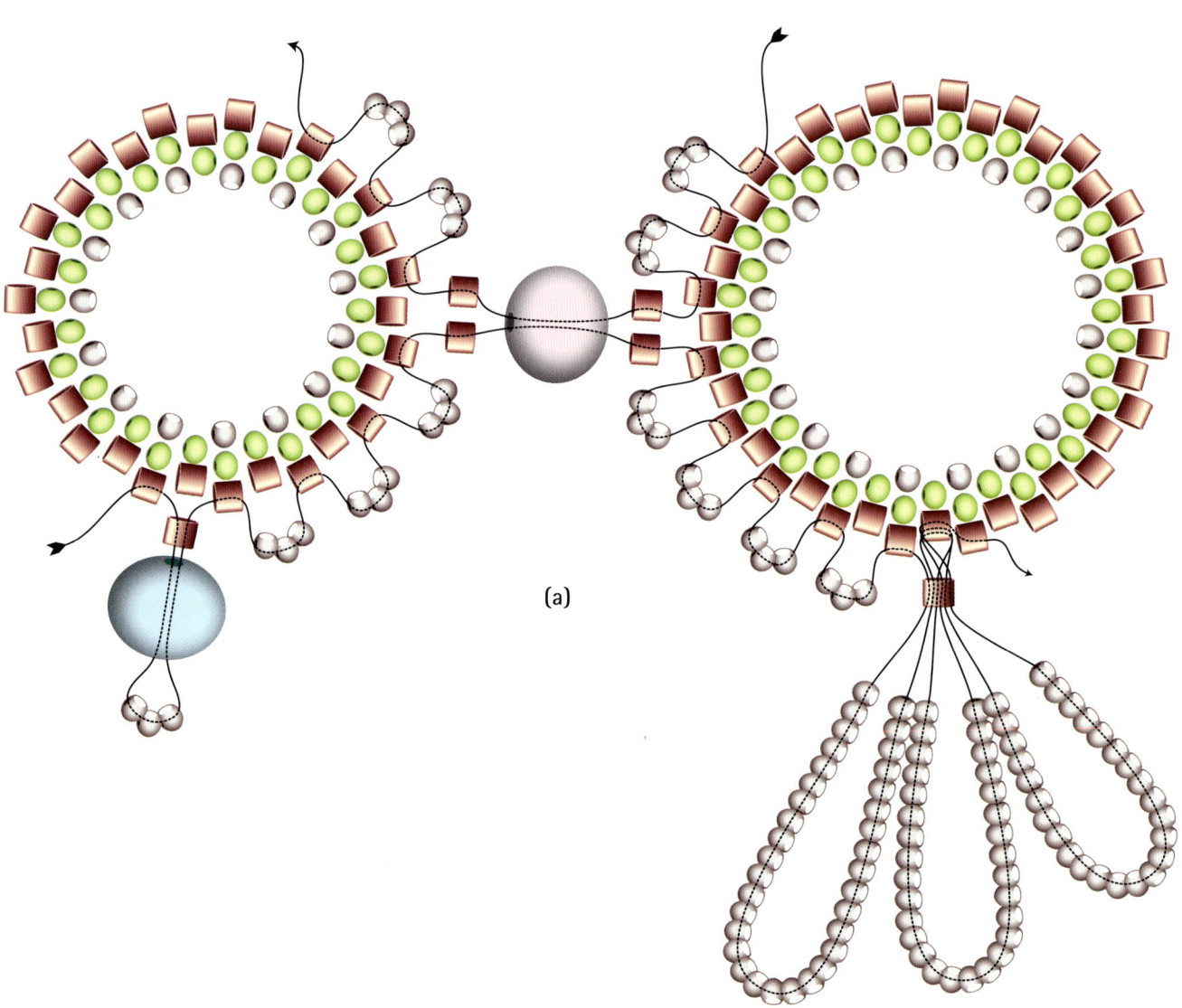

(a)

VARIATION

Die zylindrischen Verbindungsperlen der Halskette im Projekt (an jeder Seite der roten Perlen) sind sehr seltene, mit 24 Karat vergoldete, französische Perlen. Orangefarbene und grüne Zylinderperlen, wie in dieser Variation, sind ein guter Ersatz.

Diese Variation wurde aus 14 mm Rivoli der Farbe Sahara; 10 mm x 12 mm großen, antiken deutschen Kristallen in der Farbe Orange-Feueropal und einem 14 mm großen, quadratischen Kristallstein (Artikelnummer 4652) in der Mitte gefertigt. Außerdem aus verschiedenfarbigen Saatperlen. Die Verbindungsperlen sind 6–7 mm große Süßwasserperlen der Farbe Mauve. Die Perlen der Verzierung sind 6 mm große Süßwasserperlen in der Farbe Burgunderrot. In dieser Variante sind die zylindrischen Verbindungsperlen japanische Zylinderperlen.

Kristallexplosion: Ohrringe

Die Arbeitszeit variiert, aber rechne mit mindestens 3 bis 4 Stunden.

In diesem Projekt lernst du, wie man eine hinten offene Einfassung für Cabochons und Kristallsteine ohne Löcher oder mit unregelmäßiger Form herstellt. Arbeite mit Swarovski-Rivoli (Artikelnummer 1122) der Größen 14 mm, 16 mm oder 18mm. Du kannst für die Ohrringe aber auch jeden anderen Kristallstein verwenden, zum Beispiel quadratische Rivoli (Artikelnummer 4650), ovale Steine oder gleichmäßige Dreiecke. Genauso wie bei den Wasserfallohrringen empfehle ich auch hier Ohrhaken. Du kannst die Rückseite des obersten Steines aber auch mit einem Epoxidkleber an einen Ohrstecker kleben.

Schritt 1: Die Steine einfassen

Im ersten Schritt werden die beiden Steine eingefasst. Du kannst 14 mm, 16 mm oder 18 mm große Rivoli (oder eine andere Steinform) nehmen, abhängig davon, wie groß du deine Ohrringe gern hättest. Fasse die Steine mit der Technik 2 von Seite 27 ein.

MATERIAL

- 14 mm, 16 mm oder 18 mm Rivoli (#1122) oder ein anderer Kristallstein in dieser Größe, 2 Stück
- 11/0 Zylinderperlen, 5 Gramm von einer Farbe
- 15/0 Saatperlen, je 1 Gramm von drei Farben
- 15/0 Metall-Charlotten, 3 Gramm einer Farbe
- 11/0 Saatperlen, 1 Gramm einer Farbe
- 3 mm und 4mm Doppelkegel (#5301), AB-Farbe bevorzugt, ca. 35 bis 50 Stück pro Ohrringe (abhängig von der Steingröße). AB heißt, dass der Kristall nach dem Schliff einen Aurore-Borealis-Überzug erhalten hat.
- 2 Ohrhaken (aus Sterlingsilber, Chirurgenstahl oder vergoldet)

WERKZEUGE UND HILFSMITTEL

- englische Perlennadel Größe 12
- FireLine 6 lb.
- mikrokristallines Wachs
- Schere

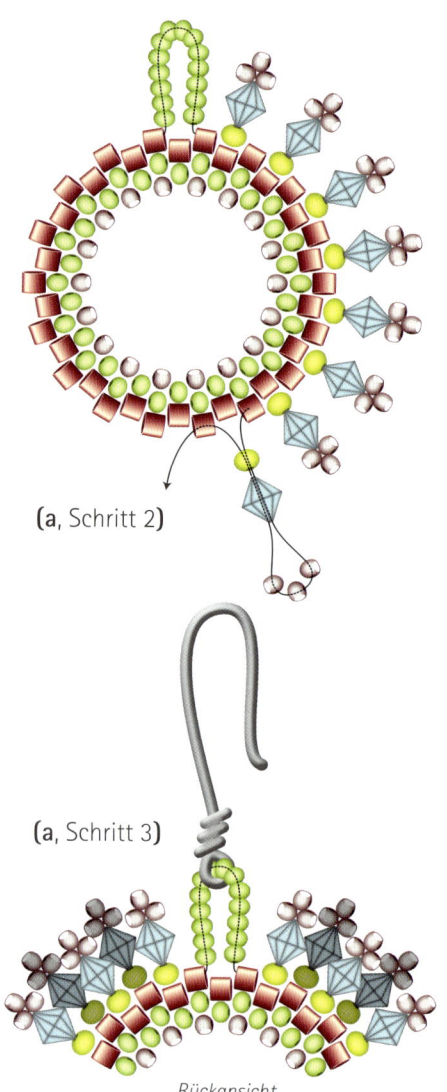

(a, Schritt 2)

(a, Schritt 3)

Rückansicht

Schritt 2: Die Verzierungen hinzufügen

Komme mit deiner Nadel aus der mittleren Reihe der Zylinderperlen der Einfassung. Füge zwischen den Perlen der Mittelreihe Verzierungen hinzu: Nimm dazu eine 11/0 Perle, einen 4 mm Doppelkegel und drei Charlotten auf. Fädele zurück durch den Doppelkegel und die 11/0 Perle (um einen Picot zu erhalten) und steche die Nadel durch die nächste Zylinderperle der Mittelreihe **(a)**. Nimm an irgendeiner Stelle dieser Reihe 14 der 15/0 Perlen (anstatt der Picotperlen) auf und stich durch die nächste Zylinderperle. Diese 15/0 Perlen ergeben die Öse, um den Ohrhaken zu befestigen.

Stelle die Ohrringe fertig, indem du eine zweite Reihe Verzierungen an der inneren Reihe der Zylinderperlen der vorderen Einfassung anbringst. Benutze 3 mm Doppelkegel anstatt der 4 mm großen für diese zweite Reihe. Nimm rundherum Kristalle, auch vor der Öse, die du in der ersten Reihe für den Ohrhaken gemacht hast.

Schritt 3: Die Ohrhaken anbringen

Öffne mit einer kleinen Spitzzange die Öse am Ende des Ohrhakens. Schiebe den Ring aus Charlotten über die Öse und schließe sie wieder mit der Zange **(a)**.

Tipp:

Vielleicht möchtest du schützende Kunststoffteile auf den Draht deines Ohrhakens stecken, wenn du die Ohrringe trägst. Diese verhindern, dass die Ohrhaken herausrutschen.

VARIATIONEN

Diese Variation wurde aus antiken, ovalen Steinen der Farbe Saturn gefertigt. Die Explosionen bestehen aus 3 mm und 4 mm großen Doppelkegeln.

Diese Ohrringe wurden aus antiken, 16 mm großen Rivoli der Farbe Light Vitrail gearbeitet. Die Explosionen bestehen aus 3 mm und 4 mm großen Doppelkegeln. Diese Ohrringe wurden passend zur Kristallexplosionshalskette von Seite 78 entworfen.

Diese Variation des Kristallexplosionsohrrings wurde aus antiken, 14 mm großen Rivoli der Farbe Sahara gefertigt. Die Explosionen bestehen aus 3 mm und 4 mm großen Doppelkegeln.

Diese Ohrringe wurden aus antiken, 18 mm großen Rivoli der Farbe Tabak gearbeitet. Wie auch bei den anderen Variationen, besteht die Explosion aus 3 mm und 4 mm großen Doppelkegeln. Diese Farbkombination passt ebenfalls gut zur Kristallexplosionshalskette auf Seite 78.

KRISTALLEXPLOSION: RING

Die Arbeitszeit variiert, aber rechne mit mindestens 2 bis 3 Stunden.

Wie bei den Kristallexplosionsohrringen (Seite 64) wirst du auch hier eine hinten offene Einfassung für die Swarovski-Rivoli fertigen. Ursprünglich für Modeschmuck gefertigt, verleihen Rivoli jeder Perlenarbeit ein großes Funkeln und ein antikes Aussehen.

Schritt 1: Die Steine einfassen

Im ersten Schritt wird der Stein eingefasst. Benutze dazu Technik 2 von Seite 27.

Schritt 2: Den Übergang fertigen

Nimm, mit der Nadel aus der untersten Reihe der drei Reihen Zylinderperlen kommend, eine Zylinderperle auf und fädele durch die nächste Zylinderperle derselben Reihe. Wiederhole dies, sodass du zwei von der Einfassung abstehende Zylinderperlen erhältst. Wechsele die Richtung, nimm eine Zylinderperle auf und fädele im Peyotestich in die andere Richtung, um eine vier Perlen breite Zunge zu erhalten.

MATERIAL

- 14 mm, 16 mm oder 18 mm Rivoli (#1122), 1 Stück
- 11/0 Zylinderperlen, 5 Gramm von einer Farbe
- 15/0 Saatperlen, je 1 Gramm von drei Farben
- 15/0 Metall-Charlotten, 3 Gramm einer Farbe
- 11/0 Saatperlen, 1 Gramm einer Farbe
- 3 mm und 4 mm Doppelkegel (#5301), AB-Farbe bevorzugt, ca. 40 Stück jeder Größe. (AB heißt, dass der Kristall nach dem Schliff einen Aurore-Borealis-Überzug erhalten hat.)

WERKZEUGE UND HILFSMITTEL

- englische Perlennadel Größe 12
- FireLine 6 lb.
- mikrokristallines Wachs
- Schere

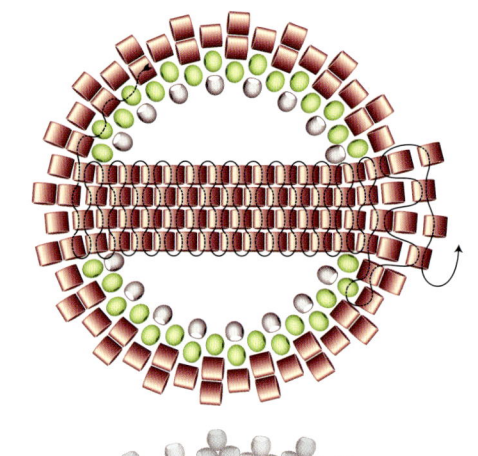

Arbeite so weiter, bis das Band quer über die Rückseite der Einfassung genau die andere Seite erreicht. Fädele wie bei einem Reißverschluss die Zunge an die unterste Reihe der mittleren Reihen aus Zylinderperlen der Einfassung **(a)**.

Schritt 3: Die Ringschiene herstellen

Arbeite im Peyotestich, vier Perlen breit, weiter, bis du eine Ringschiene hast, die bequem um deinen Finger passt.

Wenn die Größe richtig ist, fädele die Ringschiene an der Stelle an, an der du mit dem Übergang begonnen hast (a). Arbeite mit Charlotten, um Picots entlang der Ringschiene und des Übergangs herzustellen, indem du je drei Charlotten zwischen jeder Randperlen hinzufügst.

Schritt 4: Die Verzierungen hinzufügen

Komme mit der Nadel aus einer Zylinderperle der Mittelreihe der Einfassung. Füge zwischen den Perlen der Mittelreihe Verzierungen hinzu. Nimm dazu eine 11/0 Perle, einen 4 mm Doppelkegel und drei Charlotten auf. Fädele zurück durch den Doppelkegel und die 11/0 Saatperle (so erhälst du einen Picot aus drei Charlotten) und fädele durch die nächste Zylinderperle der Mittelreihe **(a)**.

Wenn du die erste Reihe der Verzierungen gefädelt hast, stelle den Ring fertig, indem du eine zweite Reihe Verzierungen der inneren Reihe der Zylinderperlen hinzufügst. Nimm 3 mm statt 4 mm Doppelkegel.

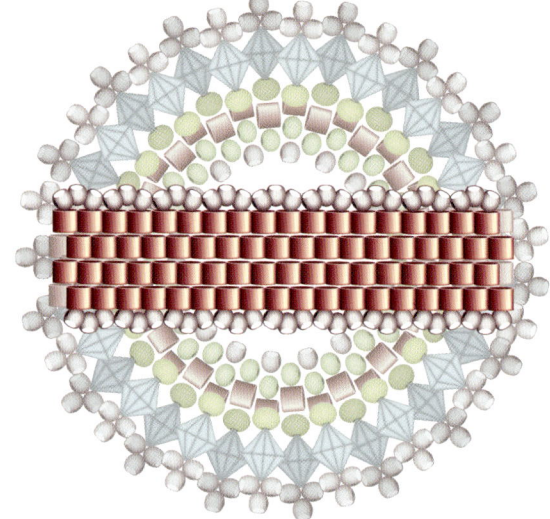

(**a**, Schritt 2)

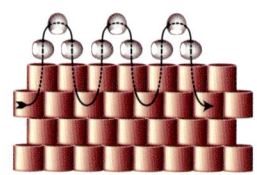

(**a**, Schritt 3)

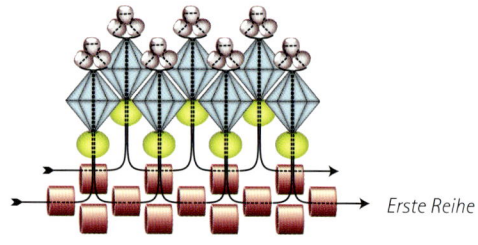

Erste Reihe

(**a**, Schritt 4)

VARIATIONEN

Der Mittelstein ist ein antiker, 16 mm großer Rivoli der Farbe Volcano, mit Zylinderperlen, 15/0 Perlen in drei Farben, goldenen Charlotten und Doppelkegeln verziert.

Ein antiker Rivoli in der Farbe Sphinx-blue-green dient als Mittelstein. Diese Variation hat ein schmaleres Ringband (zwei Perlen breit) und eine Reihe aus 2 mm Kristallperlen neben den 3 mm Doppelkegeln.

Diese Variation besteht aus einem antiken Rivoli der Farbe Spring-green Sahara in der Mitte. Sie hat außerdem Zylinderperlen, Doppelkegel, zwei Farben der 15/0 Perlen und kupferfarbene Charlotten.

Dieser antike, 18 mm Rivoli hat die Farbe Gray-blue mit einem Zentrum in Topaz. Er wurde mit Zylinderperlen, drei Farben der 15/0 Perlen, Charlotten der Farbe Marcasit und Doppelkegeln verarbeitet. Beachte auch die aquafarbene, flache Perle (eine antike Glasperle), die auf die andere Seite der Ringschiene genäht wurde.

KRISTALLEXPLOSION: ARMBAND

Die Arbeitszeit variiert, aber rechne mit mindestens 15 bis 20 Stunden.

Ich habe dieses Projekt entworfen, um zu zeigen, wie antike Kristallsteine in wunderschönen Schmuck eingearbeitet werden können – was bis vor Kurzem bei Perlenarbeiten nur selten gemacht wurde. Dieses Armband war 2006 beim Swarovski-Designwettbewerb „Create your Style" unter den Finalisten und gehört jetzt zur Dauerausstellung der Firma.

Schritt 1: Die Steine einfassen

Der erste Schritt ist das Einfassen der Steine. Du kannst mit 14 mm, 16 mm oder 18 mm großen Rivoli oder jeder Kombination aus diesen Größen arbeiten. Fasse sie mit der Technik 2 von Seite 27 ein.

MATERIAL

- 14 mm, 16 mm oder 18 mm Rivoli (#1122), 7 Stück
- 11/0 Zylinderperlen, 10 Gramm von einer Farbe
- 15/0 Saatperlen, insgesamt 10 Gramm von zwei bis vier Farben
- 15/0 Metall-Charlotten, 10 Gramm einer Farbe
- 11/0 Saatperlen, 5 Gramm einer Farbe
- 3 mm und 4 mm Doppelkegel (#5301), AB-Farbe bevorzugt, ca. 432 Stück insgesamt
- 10 mm große Margarita oder ein antiker Metall-, Glas- oder Kristallknopf (für den Verschluss)

WERKZEUGE UND HILFSMITTEL

- englische Perlennadel Größe 12
- FireLine 6 lb.
- mikrokristallines Wachs
- Schere

Schritt 2: Die Steine verbinden

Fädele bis zur Mittelreihe der drei Reihen Zylinderperlen in der Mitte der Einfassung. Nimm, mit der Nadel aus einer dieser Perlen kommend, eine Zylinderperle auf und fädele durch die nächste Zylinderperle dieser Reihe. Wiederhole dies, sodass du zwei Zylinderperlen hast, die aus der Einfassung hervorstehen.

Nimm eine Perle auf und fädele in der anderen Richtung im Peyotestich zurück, um eine vier Perlen breite Zunge zu erhalten. Arbeite so im Peyotestich weiter, bis du fünf Reihen hast. Du kannst diese Zungen länger oder kürzer machen, je nach gewünschter Länge des Armbands.

Nähe diese Verbindungszunge wie bei einem Reißverschluss an den nächsten, eingefassten Stein. Fädele durch die Einfassung, um an das andere Ende zu gelangen und fädele eine nächste Zunge an, um den dritten Stein zu befestigen (a).

Schritt 3: Den Verschluss hinzufügen

Nachdem du alle Steine verbunden hast, kannst du den Verschluss hinzufügen. Eine 10 mm Margarita ergibt einen hervorragenden Knopf. Fädele eine Zunge im Peyotestich an ein Ende des Armbands, die vier Perlen breit und 20 bis 22 Reihen lang ist bzw. die richtige Länge für deinen Knopf hat.

Verziere den Rand dieser Zunge mit Picots aus Charlotten, indem du je drei Charlotten zwischen jeder Randperle hinzufügst. Fädele, mit der Nadel aus dieser Zunge herauskommend, eine 11/0 Perle, die Margarita und einen Picot aus drei Charlotten an, um den Knopf zu erhalten. Verstärke diese Verbindung mehrfach – der Verschluss ist immer eine Schwachstelle (a).

(a, Schritt 2)

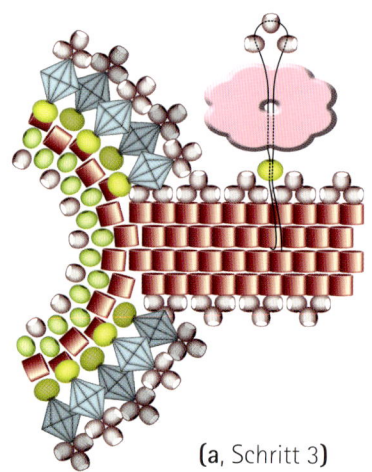

(a, Schritt 3)

Füge einen einfachen Faden an den Rivoli am anderen Ende des Armbands an (die Seite ohne Zunge). Fädele eine Öse für den Knopf (siehe Seite 34).

Schritt 4: Verzierungen hinzufügen

Jetzt bist du so weit, um die Verzierungen aus den Doppelkegeln hinzuzufügen. Die erste Reihe besteht aus je einer Kristallexplosion zwischen den Zylinderperlen der mittleren Reihe der Einfassung jedes Steins.

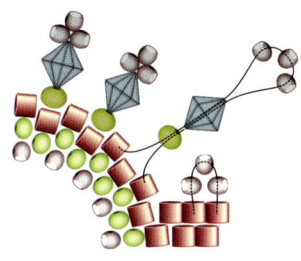

(a, Schritt 4)

Nimm, mit der Nadel aus einer dieser Zylinderperlen kommend, eine 11/0 Perle, einen Doppelkegel und drei Charlotten auf. Fädele durch den Doppelkegel, die 11/0 Perle in die nächste Zylinderperle der Reihe. Wiederhole diesen Vorgang um das ganze Armband herum. Benutze 4 mm oder 3 mm Doppelkegel (oder beide!) **(a)**.

Wenn du zu den Zungen kommst, die die Einfassungen verbinden, verziere auch deren Ränder, um ein volleres, glitzernderes Aussehen zu erzielen. Füge hier Picot-Verzierungen hinzu, wenn du meinst, dass sich Verzierungen aus Doppelkegeln zwischen den Steinen gegenseitig stören würden.
Die zweite Reihe Verzierungen wird genauso ausgeführt wie die erste. Füge diese vor der ersten Reihe hinzu, zwischen den Zylinderperlen der vorderen Reihe jeder Einfassung.

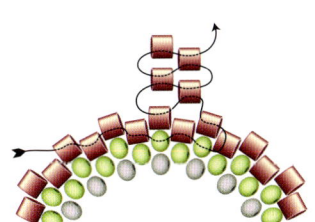

Tipp: Ausrichten der Zungen

Sollte deine Nadel eine Perle neben der Stelle herauskommen, an der die Zunge beginnen soll, überbrücke die Stelle, indem du durch die Perlen fädelst. Mache eine Kehrtwende und komme dann mit der Nadel aus der entgegengesetzten Richtung heraus (b). Dieser Vorgang versetzt den Nadelausgang und deine Zunge kann an der richtigen Stelle beginnen.

VARIATIONEN

Diese Armbandvariation wurde aus antiken Rivoli der Farben Sphinx, Sahara, Medium Vitrail und Tabac in den Größen von 14 mm bis 18 mm gefertigt. Die Kristallexplosionen sind aus runden 3 mm Kristallen (Artikelnummer 5000) oben und 4 mm Doppelkegeln (Artikelnummer 5301) darunter gearbeitet. Der Knopf ist eine 12 mm Margarita der Farbe Medium Vitrail.

Diese Armbandvariation ist aus 14 mm großen Rivoli der Farbe Olivine AB, 16 mm großen Rivoli der Farbe Aurum und 17 mm großen Steinen (Artikelnummer 1201) der Farben Tourmaline und Light Smoke Topaz gefertigt. Die Kristallexplosionen sind aus 3 mm und 4 mm großen Doppelkegeln gearbeitet. Der Knopf ist eine 10 mm große Margarita der Farbe Tabac.

Dies Armband war das erste Kristallexplosionsarmband, welches ich je angefertigt habe. Die Rivoli haben die Größen 14 mm und 18 mm und die Farben sind Volcano, Cathedral und Atlas. Die Explosionen sind aus einer Auswahl 3 mm und 4 mm Doppelkegeln gearbeitet. Ich habe hier antike, geschliffene Metallperlen anstelle von Charlotten benutzt. Der Knopf ist ein antiker, geschliffener Metallknopf aus dem späten 18. Jahrhundert.

Diese Armbandvariation ist aus 14 mm und 18 mm großen Rivoli der Farben Volcano und Sahara gefertigt. Die Doppelkegel der Kristallexplosion sind alle 4 mm groß. Der Knopf ist eine 10 mm große Margarita der Farbe Volcano.

Diese Armbandvariation ist gänzlich aus Steinen der Farbe Sahara angefertigt. Zwei 14 mm Rivoli, ein 18 mm Rivoli, ein 27 mm Kristallstein (Artikelnummer 1201), ein weiterer 18 mm Stein und zwei weitere 14 mm Rivoli. Die Doppelkegel der Kristallexplosion sind alle 4 mm groß.

KRISTALLEXPLOSION: HALSKETTE

Die Arbeitszeit variiert, aber rechne mit mindestens 30 bis 40 Stunden.

Diese atemberaubende Halskette ist eine Variante des Kristallexplosionsarmbands (siehe Seite 72). Wie auch bei den anderen Kristallexplosionsprojekten, werden die Rivoli hinten offen eingefasst. Außerdem lernst du, wie die Steine angeordnet werden, um der Halskette eine gute Passform zu geben.

Schritt 1: Die Steine einfassen

Der erste Schritt ist das Einfassen der Steine. Du kannst mit 14 mm, 16 mm oder 18 mm großen Rivoli oder jeder Kombination aus diesen Größen arbeiten. Fasse sie mit der Technik 2 von Seite 27 ein.

Schritt 2: Die Steine verbinden

Beginne mit dem mittleren Rivoli der Kette. Fädele zur mittleren Reihe der Zylinderperlen der Einfassung. Nimm, mit der Nadel aus einer Zylinderperle kommend, eine Zylinderperle auf und fädele durch die nächste Zylinderperle dieser Reihe. Wiederhole dies, sodass du zwei Perlen erhältst, die von der Einfassung abstehen.

MATERIAL

- 14 mm, 16 mm oder 18 mm Rivoli (#1122), 11 Stück
- 11/0 Zylinderperlen, je 5 Gramm von vier Farben
- 15/0 Saatperlen, 24 Gramm von insgesamt vier (oder mehr) Farben
- 15/0 Metall-Charlotten, 15 Gramm
- 11/0 Saatperlen, 10 Gramm einer (oder mehr) Farben
- 3 mm und 4 mm Doppelkegel (AB-Farbe bevorzugt), ca. 720 Stück für den ganzen vorderen Teil und zusätzlich 144-288 Stück für den hinteren Kettenbereich
- 8 mm große, runde Kristallperlen, 4 Stück
- 6 mm große Rondelle für den Verschluss, 2 Stück
- 2 mm große, runde Kristallperlen (#5000) für die Spiralkette, 288-432 Stück

WERKZEUGE UND HILFSMITTEL

- englische Perlennadel Größe 12
- FireLine 6 lb.
- mikrokristallines Wachs
- Schere

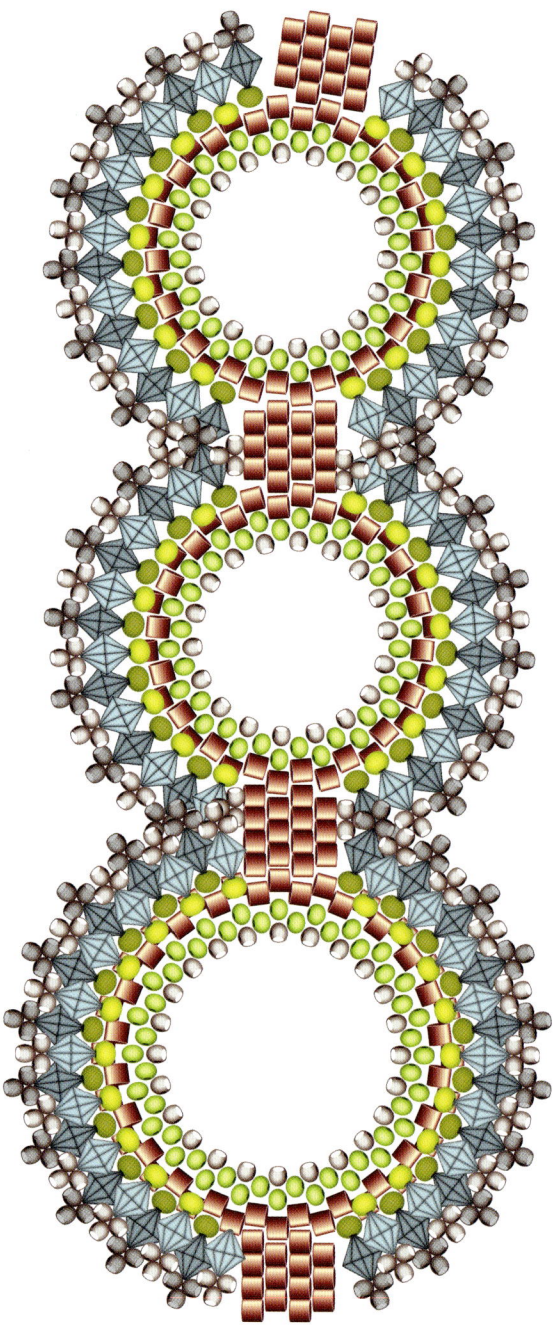

Fädele im Peyotestich in die andere Richtung, um eine vier Perlen breite Zunge zu erhalten. Fahre im Peyotestich fort, bis du sieben Reihen hast. Vernähe die Zunge wie bei einem Reißverschluss mit der Einfassung des nächstkleineren Steins.

Fädele durch die Einfassung zur anderen Seite des Steins und arbeite eine weitere Zunge, um den dritten Stein befestigen zu können. Verändere den Winkel leicht, um eine sanfte Rundung für den vorderen Teil der Kette zu erhalten. Die Seiten der Halskette müssen bei der Platzierung der Zungen spiegelgleich sein **(a)**. Es hilft, in der Mitte zu beginnen und dann die Seiten zu arbeiten. (Es kann auch hilfreich sein, mit einer Schmuckbüste zu arbeiten, um die richtige Rundung finden zu können.)

Schritt 3: Verzierung der verbundenen Steine

Nachdem du die elf Rivoli verbunden hast, kannst du die Verzierungen mit den Doppelkegeln anbringen. Füge diese genauso wie beim Kristallexplosionsarmband hinzu (siehe Seite 75).

Denke daran, dass du in der ersten Reihe der Kristallverzierungen eine Verzierung durch eine Öse aus 15/0 Perlen ersetzen musst. An dieser Öse kannst du später die Spiralkette befestigen **(a)**.

Schritt 4: Den Verschluss herstellen

Fertige einen Knebelverschluss aus Perlen, wie auf den Seiten 35–36 beschrieben.

(a, Schritt 2)

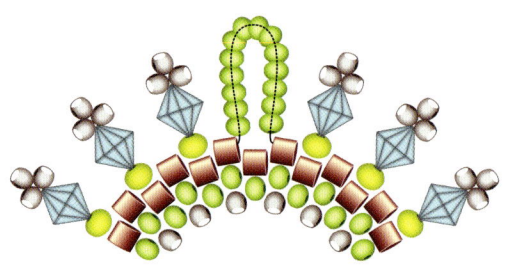

(a, Schritt 3)

Schritt 5: Die Spiralkette herstellen

Das Kettenstück auf der Hinterseite der Halskette ist eine verzierte Variante der Kristallspiralkette. Die Spiralkette selbst ist aus 11/0 Perlen für den Kern und einer 15/0 Perle, einer 2 mm runden Perle (Artikelnummer 5000), einem 4 mm Doppelkegel, einer runden 2 mm Perle und einer 15/0 Perle für den Außenbereich gefädelt **(a)**.

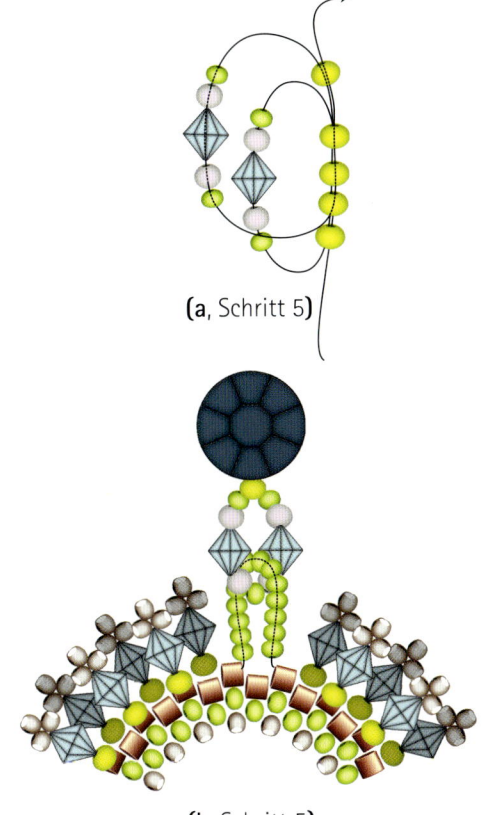

(**a**, Schritt 5)

Die Länge der Spiralkette hängt von der gewünschten Gesamtlänge deiner Halskette ab. Du musst zwei Spiralstücke fertigen, eines für jede Seite deiner Kette. Verbinde sie mit einer runden 8 mm Kristallperle und einer Öse aus Perlen an den Enden des vorderen Kettenteils. Diese Perlen sollen durch die Öse des vorderen Kettenteils führen **(b)**. Wenn du diese Verbindung hergestellt hast, führe die Spirale zu Ende wie auf Seite 46–47 beschrieben.

Schritt 6: Den Verschluss anbringen

Der Verschluss wird wie auf Seite 46–47 beschrieben angebracht. Fädele die Spirale wie angegeben und stelle sie fertig. Verknote und vernähe den Faden, bevor du ihn abschneidest.

(**b**, Schritt 5)

Schritt 7: Die Spiralkette verzieren

Der letzte Schritt ist das Verzieren der Spiralkette. Fädele einen doppelten Faden FireLine auf deine Nadel, verknote ihn und vernähe den Fadenrest mehrfach in den Außenperlen der Spirale. Fädele zum Ende der Spirale, sodass die Nadel zwischen der ersten und zweiten Kernperle herauskommt.

Die Spirale wird zwischen jeder Kernperle mit einer 11/0 Perle, einem 3 mm Doppelkegel und drei Charlotten verziert. Fädele zurück durch den Doppelkegel und die 11/0 Perle, um einen Picot zu formen. Fädele durch die nächste Kernperle und wiederhole dies **(a)**.

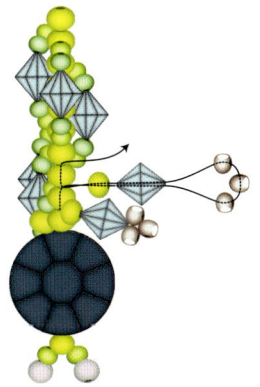

(**a**, Schritt 7)

Dreisträngiges Rivoli Armband

Die Arbeitszeit variiert, aber rechne mit mindestens 12 bis 15 Stunden.

Dieses Armband ist eine einfachere Version des üppigen Wickelarmbands von Seite 56. Der silberne Schieberverschluss und die abwechselnd angebrachten Rivoli geben diesem Armband ein elegantes, raffiniertes Aussehen.

Schritt 1: Die Steine einfassen

Der erste Schritt ist das Einfassen der Steine. Arbeite mit 29 Stück der 10 mm Rivoli (oder 12 mm Rivoli, wenn du möchtest). Fasse sie mit der Technik 2 von Seite 27 ein.

Schritt 2: Die Steine verbinden

Nachdem du alle Rivoli eingefasst hast, kannst du sie miteinander verbinden. Fertige zwei Stränge aus je zehn Rivoli und einen aus neun Rivoli.

MATERIAL

- 10 mm Rivoli (#1122), 29 Stück
- 11/0 Zylinderperlen, je 5 Gramm von drei Farben
- 15/0 Saatperlen, 12 Gramm einer Farbe
- 15/0 Charlotten, 5 Gramm einer Farbe
- 12/0 Three-Cut, 5 Gramm einer Farbe
- Verschluss mit 5 Ösen (aus Sterlingsilber oder vergoldet)
- 6 mm Endperlen (Filigrane mit Kristallen [wie auf dem Foto] oder andere), 2 Stück

WERKZEUGE UND HILFSMITTEL

- englische Perlennadel Größe 12 und 13
- FireLine 6 lb.
- mikrokristallines Wachs
- Schere

Arbeite mit einem Restfaden vom Einfassen und fädele ihn zur mittleren Reihe der Zylinderperlen der Einfassung. Nimm eine Zylinderperle auf und fädele durch die nächste hochstehende Zylinderperle in der Mittelreihe. Nimm eine weitere Zylinderperle auf und fädele durch die erste, die du hinzugefügt hast, um eine Zunge zu erhalten, die zwei Perlen breit ist. Fädele noch einmal vor und zurück, um eine vier Reihen lange Zunge zu erhalten (zwei Perlen auf jeder Seite).

Fädele diese Zunge wie bei einem Reißverschluss an die mittlere Reihe der Zylinderperlen der Einfassung des nächsten Rivoli. Sichere diese Verbindung mit einem Knoten zwischen den Perlen.

Fädele zur anderen Seite des zweiten Steins und stelle eine weitere Zunge her, um den dritten Stein zu verbinden. Du musst elf Perlen und Freiräume der Mittelreihe zwischen den Zungen auslassen, damit sie genau verbunden werden **(a)**.

Wenn du den ersten Strang Rivoli, welcher zehn Steine lange ist, fertiggestellt hast, lege ihn beiseite und mache einen zweiten. Fertige auch einen dritten, neun Steine langen Strang. Fädele keine Zungen an die Enden dieser Stränge – die Stränge werden mit Perlenschlaufen am Verschluss befestigt.

Schritt 3: Die Randverzierungen

Verziere die drei Stränge mit einer einfachen Randverzierung aus Charlotten und Three-cut um weitere Details hinzuzufügen. Es ist einfacher, diese Verzierungen vor dem Anbringen des Verschluss herzustellen. Fädele zwei Armlängen FireLine auf eine englische Nadel der Größe 12. Beginne damit, den Faden an ein Ende eines Stranges zu knoten und verziere dann wie folgt:

Entlang der Zungen: Füge, mit der Nadel aus einer Zylinderperle kommend, drei 15/0 Charlotten hinzu und fädele dann in die nächste Zylinderperle **(a)**.

Entlang der Einfassungen: Fädele je eine 12/0 Three-cut Perle zwischen jede hochstehende Perle der Mittelreihe der Einfassung **(b)**.

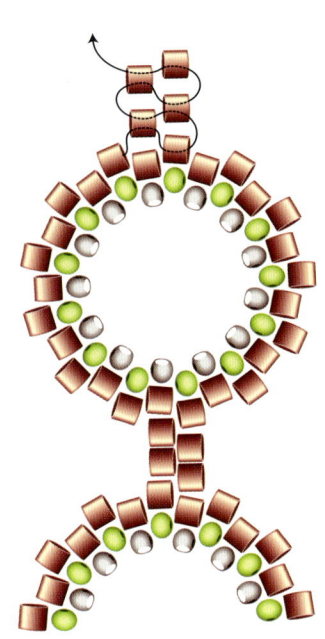

(a, Schritt 2)

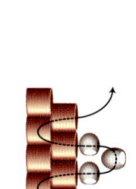

(a, Schritt 3)

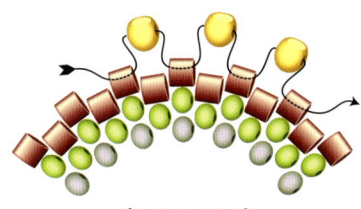

(b, Schritt 3)

Schritt 4: Den Verschluss anbringen

Nachdem du die Stränge verziert hast, kannst du den Verschluss anbringen. Die beiden äußeren Stränge (aus je zehn Rivoli) werden an den äußersten Ösen des Verschluss mit einer einfachen Perlenöse befestigt. Nimm, mit der Nadel aus einer Zylinderperle der mittleren Reihe der Einfassung kommend, eine 12/0 Three-cut Perle und elf Charlotten auf und fädele diese durch die oberste Öse des Verschluss. Fädele zurück durch die 12/0 Three-cut Perlen und dann in die nächste Zylinderperle der Mittelreihe der Einfassung. Du solltest diese Verbindung mehrfach verstärken, denn dies ist eine sensible Stelle. Wiederhole den Vorgang am anderen Ende des Strangs und dann an beiden Enden des zweiten, äußeren Strangs **(a)**.

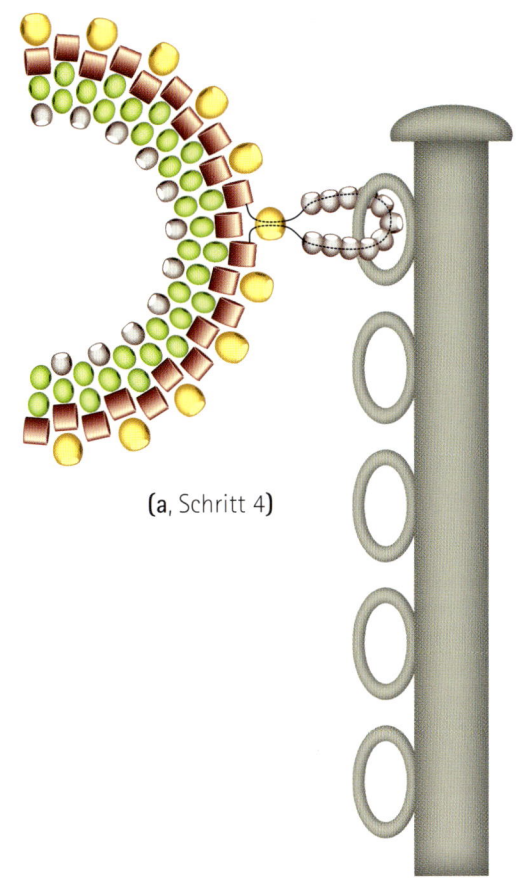

(a, Schritt 4)

Der dritte Strang, welcher in die Mitte der beiden ersten Stränge gehört, soll versetzt sein, sodass die Rivoli in ihrer Position wechseln, anstatt nebeneinanderzuliegen. Um diesen Effekt zu erzeugen, füge eine 6 mm Perle an jedem Ende des Strangs hinzu. Fädele die Verbindung genau wie bei den Außensträngen, aber nimm eine 6 mm Perle an jedem Ende hinzu, nachdem du die 12/0 Three-cut aufgenommen hast und bevor du den Ring aus Charlotten fädelst.

Nachdem alle Verschlussverbindungen fertig und mehrfach gesichert sind, verknote und vernähe den Faden, bevor du ihn abschneidest.

Quadratarmband

Die Arbeitszeit variiert, aber rechne mit mindestens 10 bis 12 Stunden.

Dieses Projekt wurde entworfen, um dir zu zeigen, wie man quadratische Kristallsteine hinten offen mit Perlen einfasst. Es ist aus antiken, 14 mm großen, quadratischen Kristallsteinen mit der Artikelnummer 4652 gefertigt, aber es gibt viele andere Möglichkeiten – zum Beispiel antike, quadratische Kristallsteine der Artikelnummer 4650 oder moderne, quadratische Kristallsteine mit der Artikelnummer 4470.

Schritt 1: Die Steine einfassen

Der erste Schritt besteht darin, die sieben 14 mm großen Steine einzufassen. Fasse jeden Stein in der Technik 2 von Seite 27 ein.

Schritt 2: Die Steine verbinden

Jetzt kannst du die Steine im Peyotestich mit ungerader Perlenanzahl verbinden. Arbeite mit einem Faden, der noch mit deinem Stein verbunden ist, und fädele ihn zur mittleren Reihe der Zylinderperlen. Nimm, mit der Nadel aus einer Zylinderperle kommend, eine Zylinderperle auf und steche durch die nächste Zylinderperle der Mittelreihe. Wiederhole dies dreimal, sodass du insgesamt vier hochstehende Perlen über der mittleren Reihe der Zylinderperlen auf einer Seite der Einfassung hast, wie in Zeichnung **(a)** auf Seite 88 gezeigt.

MATERIAL

- 14 mm quadratische Kristallsteine (Antik #4650 oder #4652, modern #4470), 7 Stück
- 11/0 Zylinderperlen, 10 Gramm von einer Farbe
- 15/0 Saatperlen, je 5 Gramm von zwei Farben
- 11/0 Saatperlen, 5 Gramm einer Farbe
- 15/0 Metall-Charlotten, 5 Gramm einer Farbe

WERKZEUGE UND HILFSMITTEL

- englische Perlennadel Größe 12
- FireLine 6 lb.
- mikrokristallines Wachs
- Schere

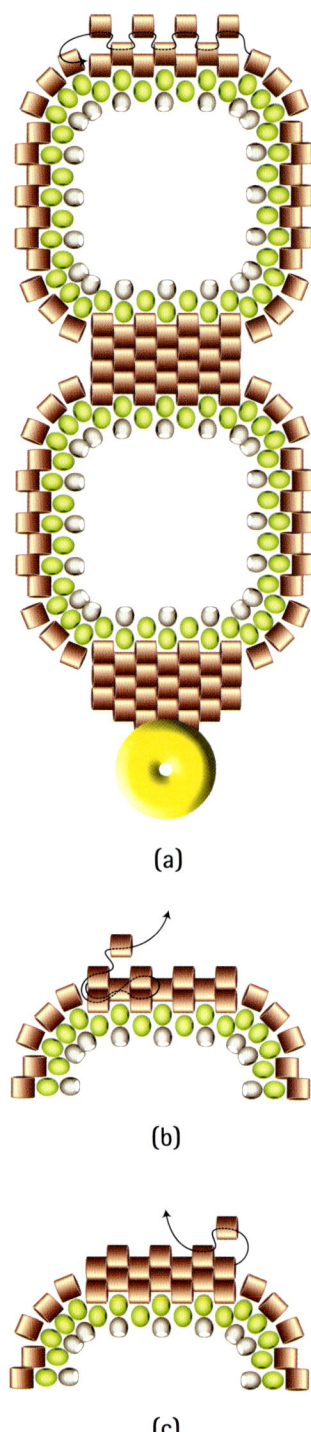

(a)

(b)

(c)

Weil du im Peyotestich mit ungerader Perlenanzahl fädelst, musst du eine Kehrtwende in der Einfassung machen, um wieder aus der vierten „Hochperle" herauszukommen **(a)**.

Nimm eine Zylinderperle auf und fädele durch die dritte „Hochperle". Nimm dann eine weitere Zylinderperle auf und fädele durch die zweite „Hochperle". Nimm letztendlich eine dritte Zylinderperle auf und fädele durch die erste „Hochperle". Jetzt hast du die ersten beiden Reihen der Verbindungszunge fertiggestellt **(b)**.

Um die dritte Reihe des Peyotestichs mit ungerader Perlenanzahl zu beginnen, nimm eine Perle auf und fädele dann zurück durch die „Hochperle", wie die Zeichnung zeigt. Fädele wie gewohnt im Peyotestich. Wenn du an das andere Ende kommst, musst du wieder eine Kehrtwende in der Zunge machen, um weiterfädeln zu können **(c)**.

Vergewissere dich, dass du vier Reihen (zweimal vor und zurück) für deine Zunge gefädelt hast. Platziere dann die Zunge an dem nächsten, eingefassten Stein und verbinde sie wie bei einem Reißverschluss, indem du durch die „Hochperlen" der Stücke fädelst. Verknote den Faden und schneide die Enden ab, damit sie dich nicht stören.

Falls die Zunge nicht in der Mitte ist, wenn du sie an den nächsten Stein nähen möchtest, drehe den Stein um 90°, sodass sie es ist. Wiederhole dies, bis alle sieben Steine verbunden sind.

Schritt 3: Den Verschluss herstellen

Für den Verschluss hast du zwei verschiedene Möglichkeiten. Beide werden hier gezeigt.

Die erste Möglichkeit ist, einen Knopfverschluss wie beim Kristallexplosionsarmband herzustellen (siehe Seite 74).

Die zweite Möglichkeit ist, einen quadratischen Knebelverschluss (siehe Seite 37) herzustellen. Komme mit dem Faden aus der mittleren 11/0 Perle der Einfassung des letzten Steins und forme einen Ring aus neun 15/0 Perlen und sichere diesen. Wiederhole dies auf der anderen Seite.

Füge nun den Verschluss hinzu. Mit dem Faden aus der Mitte des Knebels kommend, fädele sieben 11/0 Perlen und elf 15/0 Perlen auf. Führe die Perlen durch die Perlenöse des Armbands und fädele zurück durch die sieben 11/0 Perlen und sichere den Faden. Verbinde den Ring des Knebelverschluss am anderen Ende des Armbands mit einer Öse aus neun 15/0 Perlen, die durch die Perlenöse des Armbands passen.

Schritt 4: Das Armband verzieren

Nachdem die Grundform des Armbands fertig ist, ergibt eine Verzierung aus goldenen 15/0 Charlotten und 11/0 Perlen eine hübsche Ergänzung, ohne der Schönheit und geometrischen Form der Steine zu schaden.

Fädele einen einfachen Faden FireLine von ca. 1,5 m Länge auf und sichere ihn mehrfach im ersten Stein deiner Perlenarbeit. Fädele zur mittleren Reihe der Zylinderperlen (dieselbe Reihe, aus der du die Zungen gefädelt hast) und nimm eine 11/0 Perle auf, bevor du durch die nächste Zylinderperle der Reihe fädelst **(a)**. Dieser Vorgang ergibt ein hübsches, stacheliges Aussehen am Rand jedes Steins.

Wenn du zu den Zungen zwischen den Steinen kommst, fädelst du eine leicht andere Verzierungstechnik mit den goldenen 15/0 Charlotten. Nimm, mit der Nadel aus der ersten Zylinderperle am Rand der Zunge kommend, drei Charlotten auf und fädele in die nächste Zylinderperle am Rand der Zunge. Wende in der Zunge und fädele zurück durch die dritte Charlotte des Picots. Nimm zwei weitere Charlotten auf und fädele in die nächste Zylinderperle am Rand der Zunge. Wiederhole das für die gesamte Länge jeder Zunge.

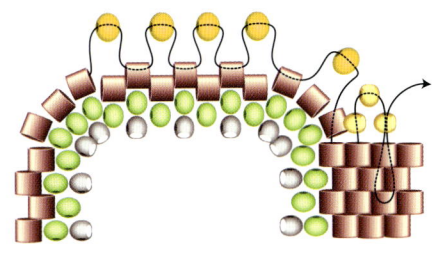

(a)

VARIATION

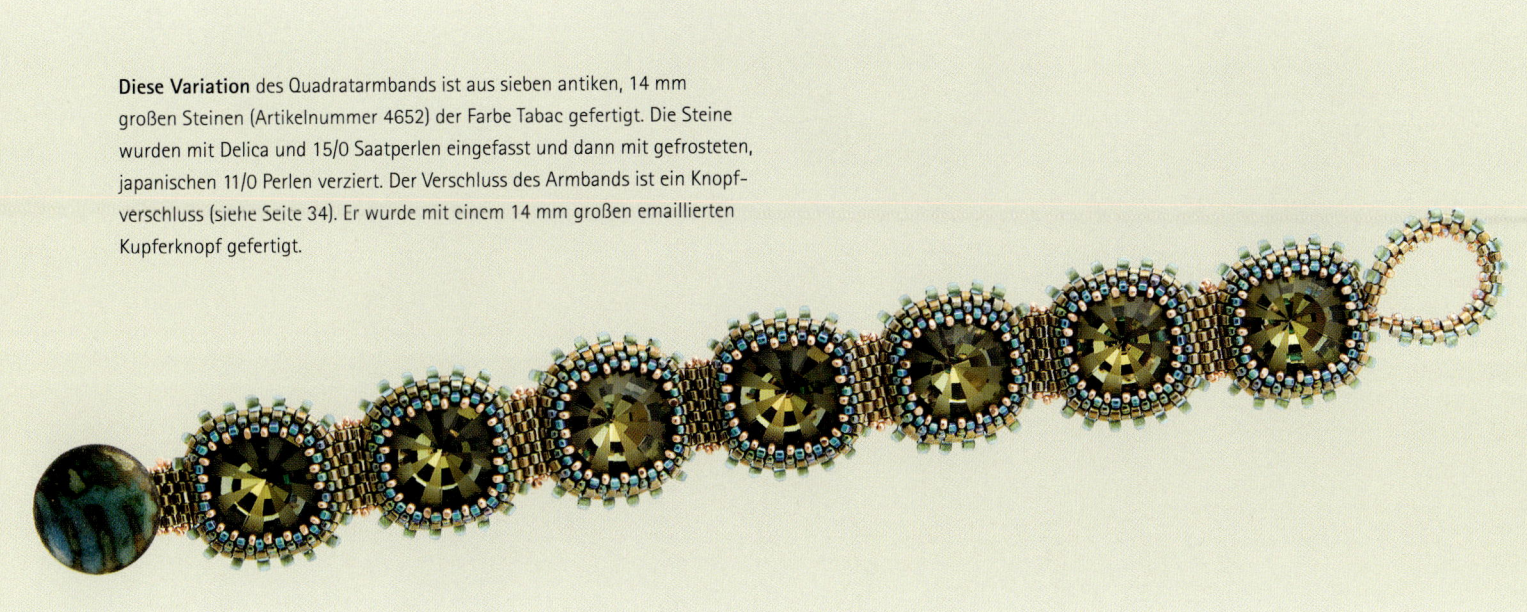

Diese Variation des Quadratarmbands ist aus sieben antiken, 14 mm großen Steinen (Artikelnummer 4652) der Farbe Tabac gefertigt. Die Steine wurden mit Delica und 15/0 Saatperlen eingefasst und dann mit gefrosteten, japanischen 11/0 Perlen verziert. Der Verschluss des Armbands ist ein Knopfverschluss (siehe Seite 34). Er wurde mit einem 14 mm großen emaillierten Kupferknopf gefertigt.

Halskette „Ringe & Dinge"

Die Arbeitszeit variiert, aber rechne mit mindestens 12 Stunden.

Diese Halskette habe ich für einen dreitägigen Perlenkurs in San Luis Obispo, Californien, im Juli 2006 entworfen. Dieses Projekt zeigt eine gute Art, wie Perlen, eingefasste Steine, Ringe aus Perlen und Kristallspiralen in einer atemberaubenden Halskette vereinigt werden können. Die fertige Kette erinnert an Schmuck aus dem Mittelalter, der mit modernen Materialien und Farbschemas neu erfunden wurde.

Für die Variante auf der linken Seite wurden Dentelles der Größe 60 ss eingesetzt statt der 16 mm Rivoli und 12 mm Rivoli anstelle der 8 mm Steine. Die Ringe wurden mit einfachen 11/0 Perlen umrandet. Die Variation auf Seite 95 beinhaltet die auf der rechten Seite aufgelisteten Steine und die Ringe sind mit Picots aus drei Perlen umrandet.

Schritt 1: Die Steine einfassen

Der erste Schritt besteht darin, die sechs Kristallsteine einzufassen: drei 16 mm Rivoli (Artikelnummer 1122); zwei 8 mm Kristallsteine (Artikelnummer 4650) und einen 27 mm Kristallstein (Artikelnummer 1201). Fasse alle Steine in der Technik 2 von Seite 27 ein.

MATERIAL

- 16 mm Rivoli (#1122), 3 Stück
- 8 mm Kristallstein (#4650), 2 Stück
- 27 mm Kristallstein (#1201), 1 Stück
- 13 mm Kristallringe (#1245), 3 Stück
- 11/0 Saatperlen, 10 Gramm von einer Farbe
- 15/0 Saatperlen, je 10 Gramm von drei Farben
- 11/0 Zylinderperlen, 10 Gramm einer Farbe
- 15/0 Charlotten, 5 Gramm einer Farbe
- 6 mm antike Swarovski-Linsenperlen (#335), 6 Stück
- 3 mm Zirkonia-Rondelle, 10 Stück
- 3 mm oder 4 mm Kristalldoppelkegel (#5301), 288 Stück

WERKZEUGE UND HILFSMITTEL

- englische Perlennadel Größe 12 und 13
- FireLine 6 lb.
- mikrokristallines Wachs
- Schere

Schritt 2: Die Ringe aus Perlen herstellen

Nachdem die Steine eingefasst sind, kannst du nun die Ringe im Peyotestich anzufertigen. Der Entwurf enthält drei Ringe aus Perlen: Zwei im vorderen Teil und einen im Knebelverschluss. Alle drei Ringe wurden mit 48 Zylinderperlen in der Anfangsrunde gefertigt. Fädele diese Ringe nach der Anleitung auf Seite 35.

Stelle den Verschlussring mit einer Verbindungsöse fertig und fädele Picots zwischen jeder Perle der Mittelreihe der Zylinderperlen um den Ring herum. Fertige danach den Knebel für den Verschluss, beginnend mit einem 14 Perlen breiten Streifen im Peyotestich (siehe Seite 36).

Verziere die anderen beiden Ringe (die für die Vorderseite der Kette sind) zwischen jeder Perle der Mittelreihe der Zylinderperlen mit drei 15/0 Charlotten. Arbeite um den ganzen Ring herum, um eine Rand mit Picots zu erhalten.

Fädele nun die Mittelachse aus Perlen in den Ringen. Komme mit der Nadel aus einer Charlotte in der inneren Reihe des Rings. Nimm eine 11/0 Perle, eine 3 mm Rondelle und eine weitere 11/0 Perle auf. Fädele durch die exakt entgegengesetzte Charlotte auf der anderen Seite der inneren Reihe. Fädele zurück durch alle Perlen der Mittelachse und durch die Charlotte, aus der du gekommen bist **(a)**. Wenn die Mittelachse fertig ist, verknote und vernähe den Faden mehrfach, bevor du ihn abschneidest.

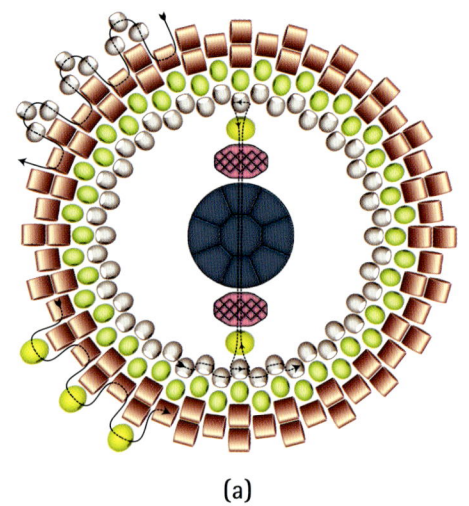

(a)

Tipp: Ändere das Aussehen

Um ein kräftigeres, einfacheres Aussehen des fertig verzierten Rings zu erhalten, fädele anstatt der drei 15/0 Perlen eine 11/0 Perle zwischen alle Zylinderperlen der Mittelreihe, wie die Zeichnung oben zeigt.

Schritt 3: Die Ringe und Steine verbinden

Nachdem du alle Komponenten des Halskettenmittelteils fertiggestellt hast, kannst du diese verbinden. Alle Verbindungen bestehen aus zwei Perlen breiten Zungen, hergestellt im Peyotestich mit gerader Perlenanzahl aus der mittleren Reihe der Zylinderperlen der Einfassungen herauskommend. Entweder ist die Zunge an eine zweite Komponente angefädelt oder die Zunge greift um einen Ring und wird dann wieder an die Ursprungskomponente gefädelt **(a)**.

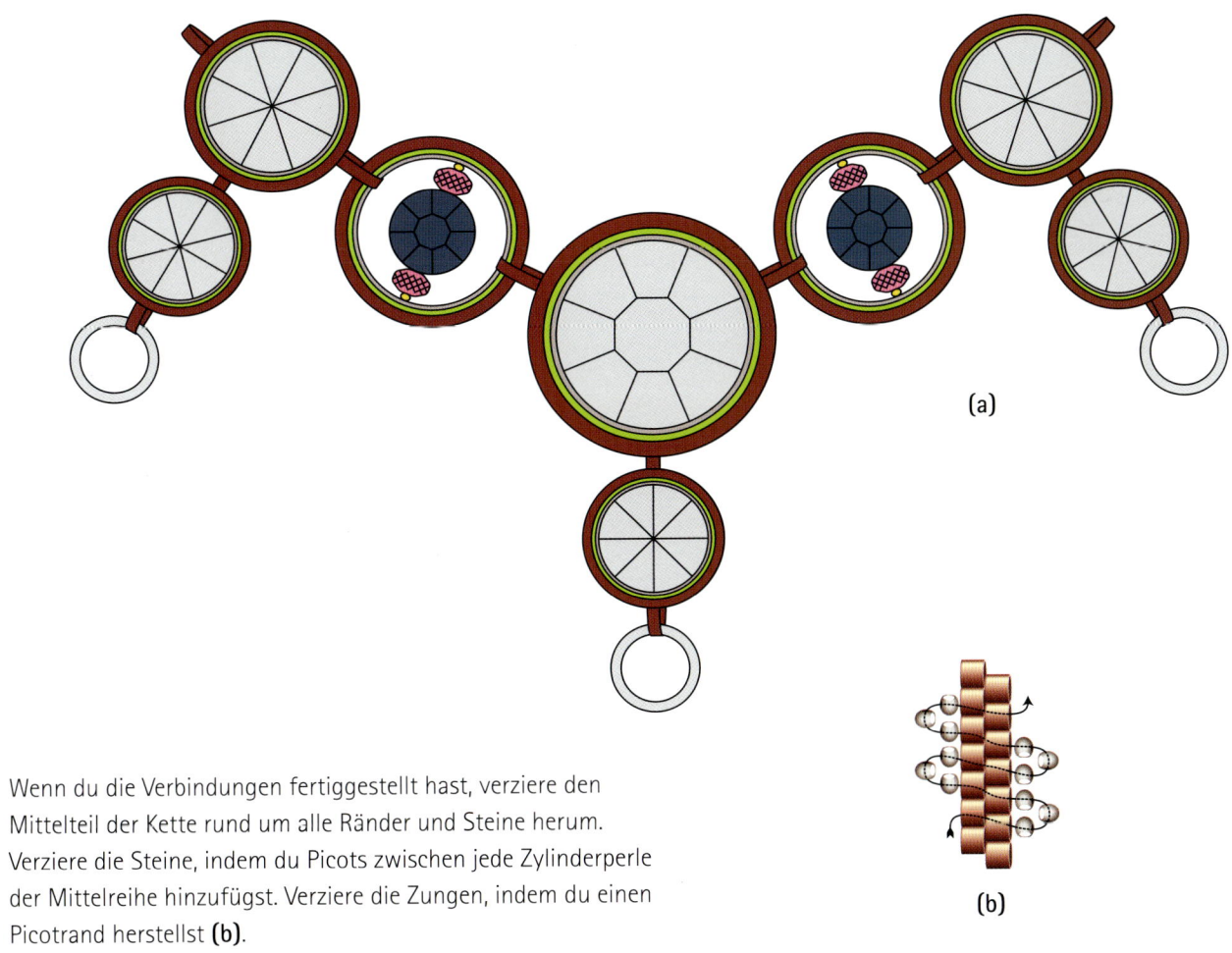

Wenn du die Verbindungen fertiggestellt hast, verziere den Mittelteil der Kette rund um alle Ränder und Steine herum. Verziere die Steine, indem du Picots zwischen jede Zylinderperle der Mittelreihe hinzufügst. Verziere die Zungen, indem du einen Picotrand herstellst **(b)**.

Schritt 4: Die Spiralkette herstellen

Wenn du den Mittelteil der Halskette fertiggestellt hast, kannst du die Spiralkette fädeln, die die hintere Seite der Halskette darstellt. Die Spiralkette ist aus einer Variation der Kristallspiralkette (siehe Seite 45) mit 11/0

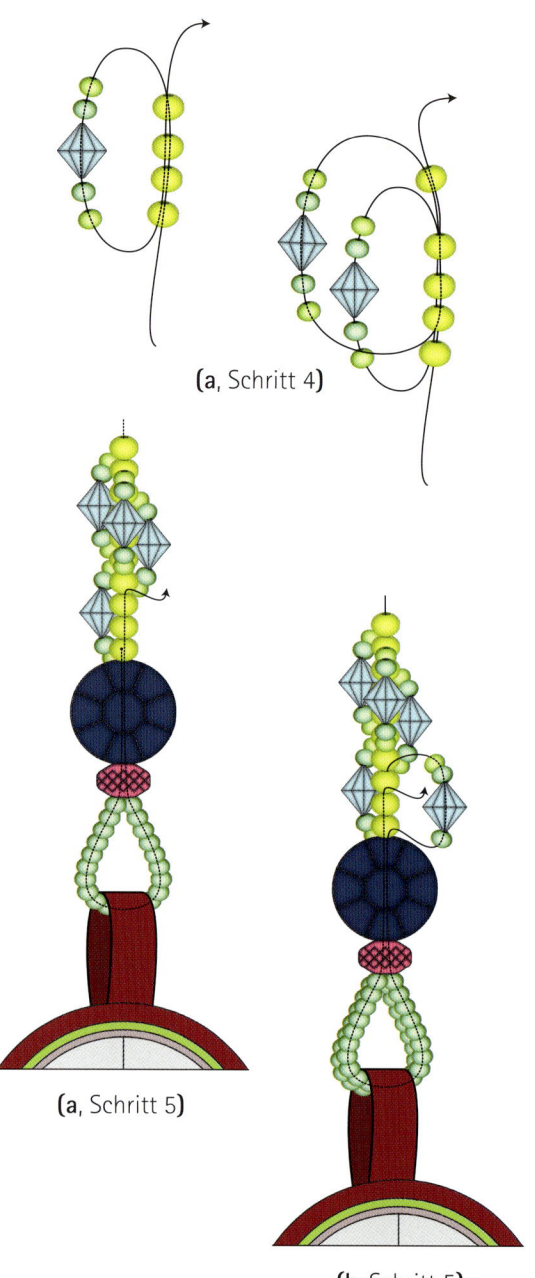

(a, Schritt 4)

(a, Schritt 5)

(b, Schritt 5)

Perlen als Kernperlen entstanden. Folge diesem Rapport für die Außenperlen: Eine 15/0 Perle (Farbe A), eine 15/0 Perle (Farbe B), ein 3 mm oder 4 mm Doppelkegel, eine 15/0 Perle (Farbe B) und eine 15/0 Perle (Farbe A) **(a)**.

Die hintere Seite der Kette besteht aus zwei Stücken der Spiralkette. Jedes ist mit einem Ende am Mittelstück der Halskette und mit dem anderen Ende mit einem Teil des Verschluss verbunden. (Die hier gezeigte Halskette benötigt ca. 144 Kristalle für jede Seite der Spiralkette.)

Schritt 5: Die Spiralkette befestigen

Wenn du beide Teile der Spiralkette fertiggestellt hast, kannst du sie nun mit dem Mittelteil der Halskette verbinden. Fädele den Fadenrest deiner Spirale auf deine Nadel. Nimm eine 6 mm Linsenperle, eine 3 mm Rondelle und 17 bis 21 der 15/0 Perlen (abhängig von den Perlengrößen ist hier immer etwas Spielraum) auf. Fädele durch die linke Verbindungsöse des Mittelstücks und dann zurück durch die 3 mm Rondelle, die 6 mm Kristalllinse und die letzten drei Kernperlen der Spirale **(a)**.

Nimm nun eine 15/0 Perle (Farbe A), eine 15/0 Perle (Farbe B), einen Doppelkegel und eine 15/0 Perle (Farbe B) auf. Um diese Verbindung zu verstärken, fädele zurück durch die Kristalllinse, die 3 mm Rondelle und die Öse aus 15/0 Perlen. Fädele hinauf durch die 3 mm Rondelle, durch die Linsenperle und durch die letzten beiden Kernperlen der Spirale **(b)**.

Nimm eine 15/0 Perle (Farbe A), eine 15/0 Perle (Farbe B) und eine 11/0 Perle (anstatt des Doppelkegels, welcher scharfkantig ist und den Faden beschädigen könnte) auf. Fädele zurück durch die Kristalllinse und die 3 mm Rondelle und nimm 17 bis 21

Tipp: Nadelwechsel

Die Löcher der 15/0 Charlotten sind klein. Wechsele zu einer Nadel der Größe 13 für die Teile des Projekts, die das mehrfache Durchfädeln derselben Charlotte erfordern.

15/0 Perlen auf. Fädele diese Perlen durch die Verbindungsöse am Mittelteil der Halskette und zurück durch die 3 mm Rondelle, die 6 mm Linsenperle und durch die letzte Kernperle der Spirale **(c)**.

Nimm nun eine 15/0 Perle (Farbe A) und noch eine 15/0 Perle (Farbe B) auf. Fädele zurück durch die 6 mm Linsenperle, die 3 mm Rondelle und durch die zweite Öse der 15/0 Perlen, die du gerade gefertigt hast, um die Verbindung zu verstärken. Fädele durch die 3 mm Rondelle und die 6 mm Linsenperle zurück und verknote und vernähe den Faden mehrfach in der Spiralkette, bevor du ihn abschneidest **(d)**.

Wiederhole diesen Vorgang auf der anderen Seite des Mittelteils.

Schritt 6: Den Knebelverschluss aus Perlen anbringen

Der Verschluss ist mit der Spiralkette in der gleichen Weise verbunden wie der Mittelteil der Halskette (siehe Schritt 5). Wenn du beide Teile des Verschlusses angebracht hast, verknote und vernähe den Faden mehrfach in der Spirale, bevor du ihn abschneidest.

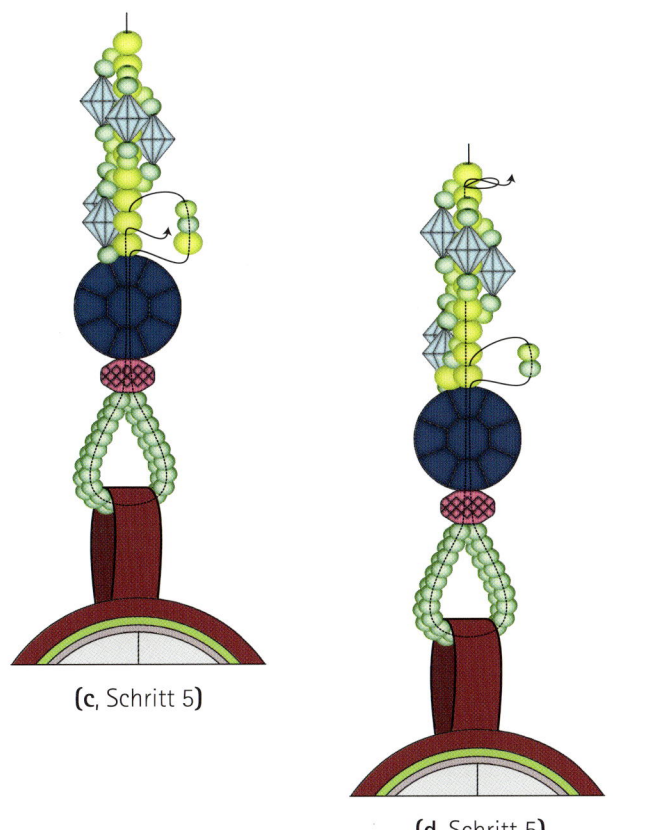

(c, Schritt 5)

(d, Schritt 5)

VARIATION

Diese „Ringe & Dinge"-Halskettenvariante ist eine andere Version der Halskette des Projekts. Der äußere Rand der Ringe wurde mit Picots aus drei Charlotten verziert. Sie wurde aus einem 27 mm großen Stein (Artikelnummer 1201) der Farbe Sahara, drei 16 mm großen Rivoli (Artikelnummer 1122) der Farbe Sahara, zwei 8 mm großen Steinen (Artikelnummer 4650) der Farbe Madeira Topaz und drei Kristallringen (Artikelnummer 1245) der Farbe Sahara gefertigt. Die Doppelkegel der Spiralkette sind 4 mm groß und haben den Farbnamen Citrine Cathedral. Der Verschlussring und die Ringe am Vorderteil wurden mit Picots aus 15/0 Charlotten verziert.

Verbundene Kette

Die Arbeitszeit variiert, aber rechne mit mindestens 10 bis 12 Stunden.

Diese Halskette wurde für die neuen Swarovski-Rahmen (Artikelnummer 4439) entworfen, um sie in einem einzigartigen, neuen Licht zu interpretieren. Die fertige Kette erinnert an keltische Knotenkunst, die mit modernen Materialien und Farbschemas neu erfunden wurde.

Schritt 1: Das Einfassen der Steine

Der erste Schritt ist das Einfassen der Steine: entweder eine Dentelle der Größe 65ss oder ein 16 mm Rivoli. Fasse die Steine mit der Technik 2 von Seite 27 ein.

Schritt 2: Die Rahmen in der Hauptfarbe hinzufügen

Du wirst die ersten vier Rahmen in der Hauptfarbe direkt dem zentralen Stein der Mitte hinzufügen. Arbeite mit dem Faden, der beim Einfassen des Steins übrig geblieben ist und fädele zur mittleren Reihe der Zylinderperlen der Einfassung. Nimm, mit der Nadel aus einer dieser Perlen der mittleren Reihe kommend, eine neue Zylinderperle auf und fädele durch die nächste Perle dieser Reihe. Diese neue Perle sitzt dann in der Vertiefung zwischen den Perlen der mittleren Reihe.

MATERIAL

- 14 mm Kristallrahmen (#4439) (4 in der Haupt- und drei in der Nebenfarbe), 7 Stück
- Dentelle der Größe 65ss (#1200) oder 16 mm Rivoli (#1122), 1 Stück
- 11/0 Saatperlen, 5 Gramm von einer Farbe
- 15/0 Saatperlen, je 10 Gramm von zwei Farben
- 11/0 Zylinderperlen, 10 Gramm einer Farbe
- 15/0 Charlotten, 4 Gramm einer Farbe
- 3 mm oder 4 mm Kristalldoppelkegel (#5301), 288-432 Stück
- 8 mm Rondelle (#5040), 4 Stück
- 6 mm Rondelle (#5040), 2 Stück

WERKZEUGE UND HILFSMITTEL

- englische Perlennadel Größe 12
- FireLine 6 lb.
- mikrokristallines Wachs
- Schere

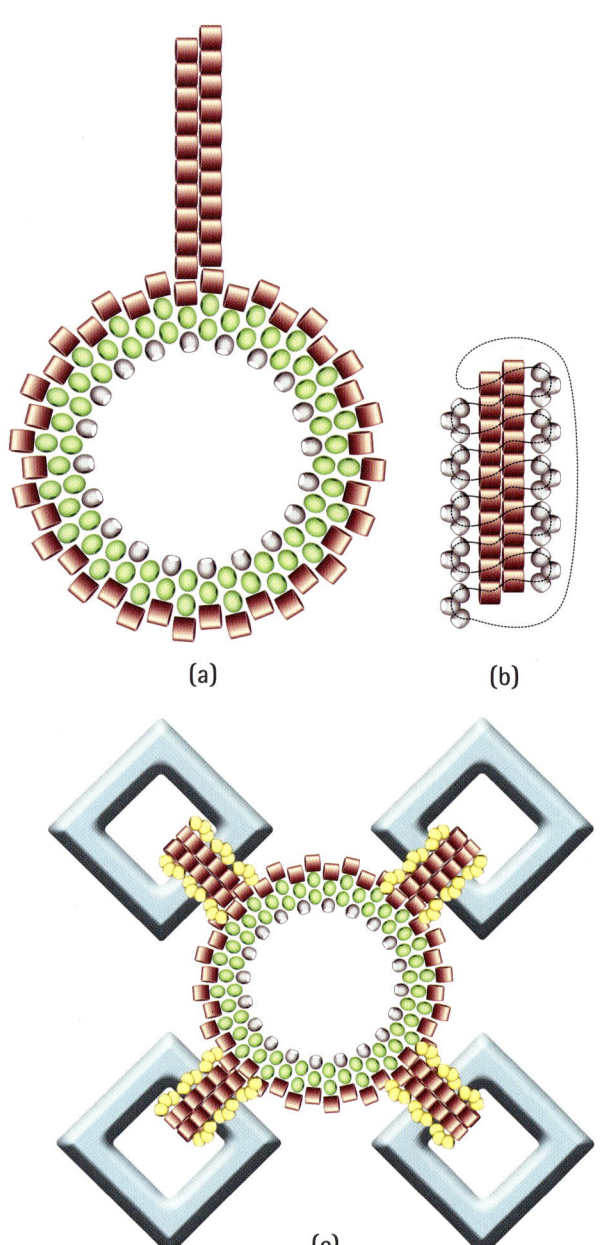

Nimm nun eine weitere Zylinderperle auf und fädele durch die Perle, die du zuerst hinzugefügt hast. Fahre so im Peyotestich mit gerader Perlenanzahl fort Perlen hinzuzufügen, bis du eine zwei Perlen breite und 20 Reihen lange (zähle zehn Perlen an jeder Seite) Zunge hast **(a)**.

Schlinge diese Zunge um einen Rahmen in der Hauptfarbe. Vergewissere dich, dass sich die Vorderseite des Rahmens auch auf der Vorderseite des Steins befindet (es passiert leicht, dass sie mit der Rückseite nach oben angebracht werden und dies erst viel später bemerkt wird, also prüfe lieber doppelt). Wenn der Rahmen an seinem Platz ist, vernähe die Zunge wie bei einem Reißverschluss an der Stelle, wo sie beginnt.

Wenn du den Rahmen mit dem Stein verbunden hast, verziere die Verbindungszunge. Fädele im Zickzack durch die Zunge und bringe, mit der Nadel aus einer Randperle kommend, Picots aus drei Charlotten als Verzierung an. Immer schräg von einer Randperle der einen zu einer Randperle der anderen Seite **(b)**.

Jetzt bist du so weit, um den zweiten Rahmen anzubringen. Fädele über acht Leerplätze und Perlen entlang der mittleren Reihe der Zylinderperlen, bevor du mit der nächsten Zunge beginnst. Vergewissere dich, dass du acht Leerplätze und Perlen (leer, Perle, leer, Perle, leer, Perle, leer, Perle) zwischen den Zungen hast, um einen gleichen Abstand zu gewährleisten.

Wiederhole den Vorgang, bis du alle vier Rahmen angebracht und die Zungen verziert hast. Verknote und vernähe den Faden, bevor du ihn abschneidest **(c)**.

Tipp: Den Abstand justieren

Falls deine achte Perle ein Leerplatz ist und keine Perle, arbeitest du in die falsche Richtung. Überfädele die Stelle, wo die Zunge sein sollte, und mache eine Kehrtwende, um in der richtigen Richtung herauszukommen. Dieses Vorgehen verschiebt den Nadelausgang und deine Zunge kann an der richtigen Stelle beginnen.

Schritt 3: Die Nebenrahmen hinzufügen

Das Mittelstück der Halskette ist fertig. Jetzt kannst du die drei Nebenrahmen hinzufügen. Fertige sechs Streifen im Peyotestich mit gerader Perlenanzahl an, die zwei Perlen breit und 40 Reihen lang sind (zähle 20 Perlen an jeder Seite).

Nimm einen dieser Streifen und arbeite eine Verbindungslasche um einen Nebenrahmen, indem du das Ende des Streifens wie bei einem Reißverschluss mit seiner Mitte verbindest (in die 20. oder 21. Reihe des Streifens) **(a)**. Verknote den Faden ein- oder zweimal, damit der Faden nicht rutschen kann und um eine feste Verbindung zu erhalten.

Fädele jetzt den Faden vom anderen Ende des Streifens auf deine Nadel. Führe den Streifen um einen der vier am Stein befestigten Hauptrahmen herum. Vernähe dieses Ende in der Mitte des Streifens an der Stelle, an der auch das erste Ende vernäht wurde (in der 20. oder 21. Reihe) **(b)**. Verziere die Ränder mit Picots aus Charlotten so, wie du es bei den anderen Verbindungen gemacht hast.

Arbeite, wenn du diesen ersten Verbindungsstreifen des ersten Nebenrahmens fertiggestellt hast, mit einem zweiten Streifen, um diesen Rahmen an einen zweiten Nebenrahmen zu nähen. Fahre mit den Verbindungen und Verzierungen mit Picots fort, bis alle drei Nebenrahmen verbunden sind (zwei Verbindungen pro Nebenrahmen) **(c)**.

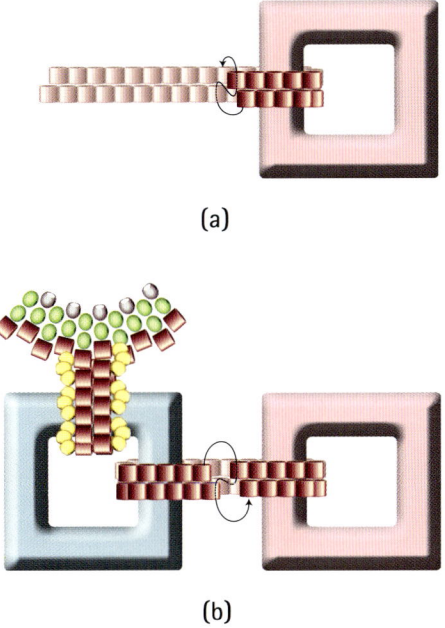

(a)

(b)

(c)

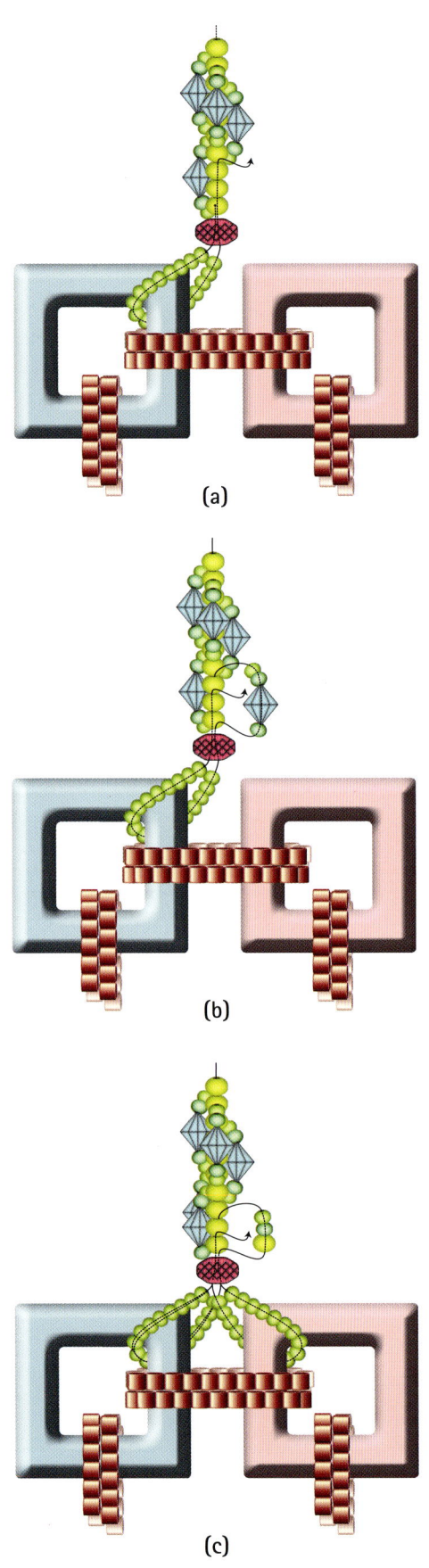

(a)

(b)

(c)

Schritt 4: Herstellen und Verbinden des Kettenteils

Wenn du den Mittelteil aus Kristallrahmen fertiggestellt hast, kannst du die beiden Spiralketten des Kettenteils anfertigen. Diese Spiralkette ist die gleiche wie die Spiralkette der Kristallspiralkette.

Stelle zwei Spiralketten, eine für jede Seite, den Anweisungen auf Seite 45 folgend, her. Die Länge dieser Spiralketten variiert, abhängig von der Länge der fertigen Kette. Für eine Standardkette mit 45,7 cm Länge brauchst du zwei je 19 cm lange Stücke der Spiralkette.

Wenn du die Spiralketten fertiggestellt hast, kannst du sie dem Mittelstück der Kette hinzufügen. Fädele die Verbindung mit dem Restfaden der Spiralkette. Nimm eine 8 mm Rondelle und 17–21 der 15/0 Perlen (abhängig von der Perlengröße, die immer etwas variiert) auf. Fädele durch den linken Nebenrahmen des Mittelteils und zurück durch die 8 mm Rondelle und außerdem durch die letzten drei Kernperlen der Spiralkette (a).

Nimm eine 15/0 Perle (Farbe A), eine 15/0 Perle (Farbe B), einen Doppelkegel und eine 15/0 Perle (Farbe B) auf. Um die Verbindung zu verstärken, fädele zurück durch die Rondelle und durch die Öse aus 15/0 Perlen. Fädele zurück durch die 8 mm Rondelle und durch die letzten beiden Kernperlen der Spiralkette (b).

Nimm nun eine 15/0 Perle (Farbe A), eine 15/0 Perle (Farbe B) und eine 11/0 Perle (anstatt des Doppelkegels, welcher scharfkantig ist und den Faden beschädigen könnte) auf. Fädele zurück durch die Rondelle und nimm 17 bis 21 der 15/0 Perlen auf. Fädele durch den linken oberen Hauptrahmen des Mittelteils und zurück durch die 8 mm Rondelle und die letzte Kernperle der Spiralkette (c).

Nimm nun eine 15/0 Perle (Farbe A) und eine 15/0 Perle (Farbe B) auf. Um die Verbindung zu verstärken, fädele zurück durch die Rondelle und durch die zweite Schlaufe der 15/0 Perlen, die du gerade hergestellt hast **(d)**. Fädele zurück durch die Rondelle und verknote und vernähe den Faden mehrfach, bevor du ihn abschneidest. Wiederhole diesen Vorgang auf der anderen Seite des Mittelteils, um die zweite Spiralkette zu befestigen.

Schritt 5: Den Knebelverschluss aus Perlen herstellen

Der Knebelverschluss wurde ausschließlich aus Perlen im Peyotestich gearbeitet. Er hat keine innere Unterstützung. Folge der Anleitung auf Seite 35, um diesen Knebelverschluss herzustellen.

Schritt 6: Den Verschluss anbringen

Du wirst den Verschluss an der Spiralkette genauso anbringen, wie du die Spiralkette an den Mittelteil der Halskette angebracht hast. Der einzige Unterschied ist, dass du, nachdem du die 8 mm Rondelle aufgefädelt hast, den Ring aus 15/0 Perlen durch die Verbindungsöse des Knebels oder Rings fädelst anstatt durch einen Rahmen.

Stelle die Spirale wie in Schritt 4 beschrieben fertig, außer, dass du die beiden Schlaufen aus 15/0 Perlen durch die Verbindungsösen fädelst anstatt durch zwei Rahmen. Nachdem du beide Verschlussteile angebracht hast, verknote und vernähe den Faden, bevor du ihn abschneidest.

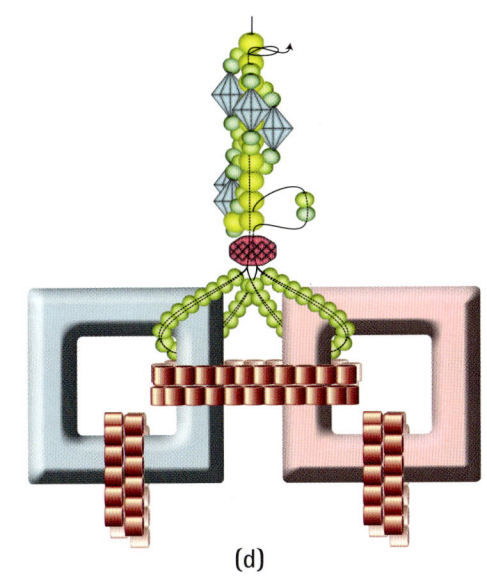

(d)

Tipp: Länge der Spiralkette

Wenn du eine etwas längere Spiralkette für die Halskette möchtest, füge einfach weitere Kristallperlen hinzu. Du kannst auch die Doppelkegel in den Außenperlen durch 11/0 Perlen ersetzen. Da die Spiralkette auf der hintern Seite deiner Kette ist, wird dies kaum zu sehen sein. Du erhältst denselben Spiraleffekt und eine längere Kette, ohne weitere Kristalle kaufen zu müssen.

VARIATIONEN

Diese drei Variationen der verbundenen Kette wurden jeweils mit nur kleinen Änderungen der Materialien hergestellt, die dann eine schöne Vielfalt von Effekten erzielen.

Diese Halskettenvariante wurde mit einer antiken Dentelle der Größe 65ss in der Farbe Light Siam als Mittelstein hergestellt. Sie hat auch Rahmen der Farbe Volcano und Crystal Copper und 3 mm Doppelkegel im Kettenteil.

Für diese Halskettenvariante wurde eine antike Dentelle der Größe 65ss in der Farbe Light Sapphire im Mittelteil verwendet. Die Rahmen haben die Farben Crystal Golden Shadow und Light Vitrail. Die Spiralkette wurde aus 3 mm großen Doppelkegeln gefädelt. Beachte die Quaderperlen an jedem Ende der Spirale, die die Quadratform der Rahmen des Mittelteils wiederholen.

Diese Halskettenvariante wurde aus einem 27 mm großen Stein (Artikelnummer 1201) als Mittelteil angefertigt. Der Kristall gibt ihr einen dramatischen Effekt. Durch die 68 Zylinderperlen der Einfassung (eine Zahl teilbar durch 4) hat das Stück eine perfekte Symmetrie.

Gerahmtes Armband

Die Arbeitszeit variiert, aber rechne mit mindestens 8 bis 10 Stunden.

Dieses Projekt wurde für die Swarovski-Kristallrahmen (Artikelnummer 4439), eine fantastische Schmuckkomponente, entworfen. Du lernst, Elemente mit Streifen im flachen Peyotestich zu verbinden. Du lernst außerdem Rand- und weitere Verzierungstechniken für den flachen Peyotestich kennen.

Diese Anleitung ergibt ein 17,8 cm langes Armband. Durch Hinzufügen eines weiteren Sets aus zwei Rahmen kannst du das Armband um 2,2 cm verlängern.

Um die folierte Rückseite deiner Steine zu schützen, kannst du sie mit farblosem Nagellack bestreichen. Es ist schon eine Schutzschicht auf der Folie, aber die kann durch das Tragen am Körper angegriffen werden. Du kannst diese Schutzschicht entweder vor Arbeitsbeginn oder nach Fertigstellung auftragen.

MATERIAL

- 24 mm Kristallrahmen (#4439), 6 in Farbe A, 6 in Farbe B, 12 Stück
- 11/0 Zylinderperlen, 10 Gramm von einer Farbe
- 15/0 Saatperlen, 1 Gramm von einer Farbe
- 11/0 Zylinderperlen, 1 Gramm von einer Farbe
- 15/0 Charlotten, 5 Gramm von einer Farbe
- 10 mm Margarita (#3700)

WERKZEUGE UND HILFSMITTEL

- englische Perlennadel Größe 12
- FireLine 6 lb.
- mikrokristallines Wachs
- Schere

Schritt 1: Die Verbindungsstreifen herstellen

Fädele eine halbe Armlänge FireLine in deine Nadel. Fädele zwei Zylinderperlen auf, nimm dann eine dritte Zylinderperle auf und fädele zurück durch die beiden ersten Perlen, um den Streifen im Peyotestich zu beginnen, welcher zwei Perlen breit wird **(a)**.

Fahre im Peyotestich fort, bis du 48 Reihen (zähle 24 Perlen an jeder Seite des Streifens) hast.

Insgesamt benötigst du 16 Streifen im Peyotestich, um alle Kristallrahmen des Armbands zusammenzufügen. Wenn du einen fertiggestellt hast, lege ihn beiseite. Vernähe die Endfäden nicht, denn du brauchst sie, um die Streifen zusammenzunähen und um dem Rand Charlotten hinzuzufügen.

(a)

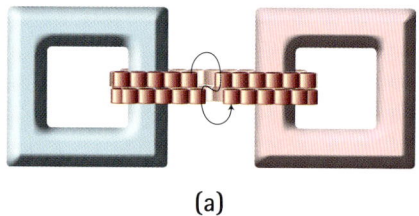
(a)

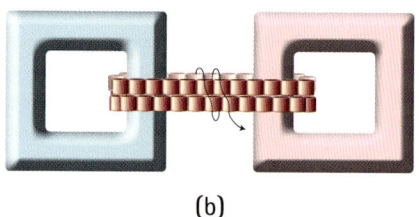
(b)

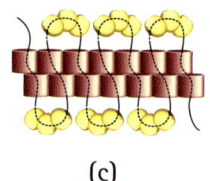
(c)

Schritt 2: Die Kristallrahmen verbinden

Verbinde die Rahmen wie folgt: Nimm je einen Rahmen in Farbe A und B. Halte sie, mit der Rückseite nach oben, zusammen. Führe einen Streifen im Peyotestich durch die Löcher beider Rahmen. Fädele die beiden Enden des Streifens wie bei einem Reißverschluss zusammen, sodass eine Schlaufe entsteht, die beide Rahmen zusammenhält **(a)**.

Lege die Rahmen flach hin und nähe die Ober- und Unterseite des Streifens zusammen; dies hilft, den Streifen flach zu halten und außerdem hält es die Rahmen auseinander **(b)**.

Arbeite nun mit dem Restfaden und verziere den oberen und unteren Rand der Verbindung. Benutze 15/0 Charlotten und fädele im Zickzack von einer Seite zur anderen, um abwechselnd Picots herzustellen. Mit der Nadel aus einer Randperle kommend, fädele drei Charlotten auf und fädele zurück durch die nächste Randperle **(c)**.

Wenn du einen Rahmen der Farbe A mit einem Rahmen der Farbe B verbunden hast, wiederhole den Vorgang fünf weitere Male, sodass du insgesamt sechs verbundene Rahmen hast. Arrangiere diese Sets nun abwechselnd **(d)**.

Verbinde und jedes Set mit zwei Streifen mit dem nächsten Set und verziere sie so, wie du es bei dem ersten Set gemacht hast. Wenn du damit fertig bist, hast du ein zusammenhängendes Stück, das zwei Rahmen breit und sechs Rahmen lang ist.

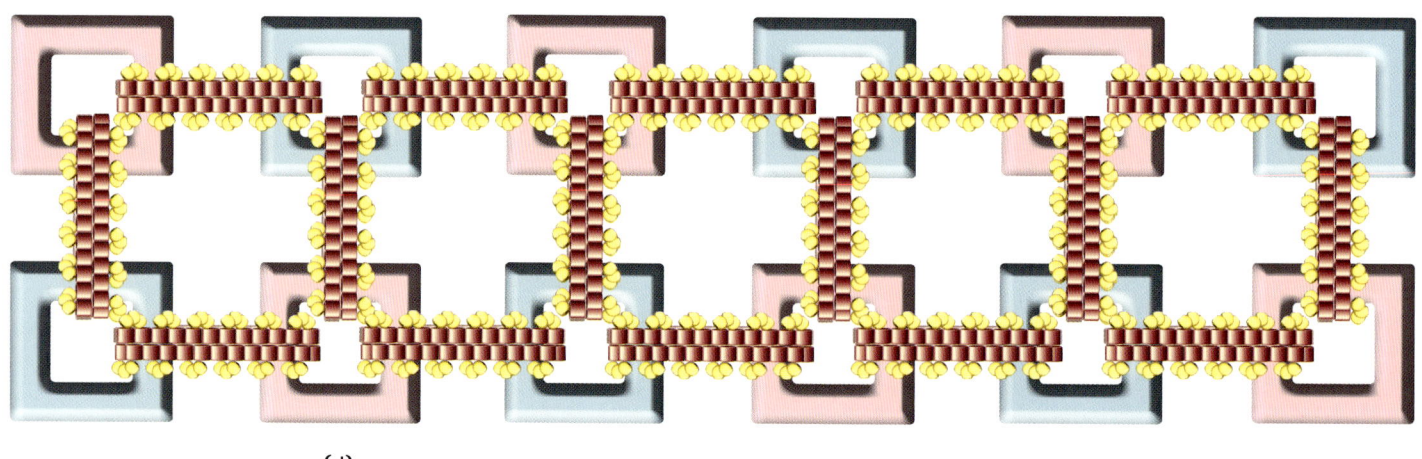
(d)

Schritt 3: Den Knopfteil herstellen

Fertige zwei Streifen im Peyotestich an, genau wie jene, welche die Rahmen verbinden, aber zwei Perlen breit und 32 Perlen lang (16 Perlen an jeder Seite des Streifens).

Fädele einen Streifen durch einen der letzten Rahmen am Ende des Armbands. Arbeite mit dem Restfaden und nähe den Streifen bei der 24. Reihe an sich selbst zu einer Schlaufe. Es sollten 12 Perlen an jeder Seite der Schlaufe um den Rahmen sein und die verbliebene Zunge sollte acht Perlen lang sein (vier Perlen an jeder Seite der Zunge).

Wiederhole diesen Vorgang mit dem zweiten Streifen im Peyotestich, fädele ihn durch den anderen Rahmen am Ende dieser Seite des Armbands. Wenn du damit fertig bist, sollte das Armband wie in der Zeichnung **(a)** aussehen.

Arbeit mit dem Restfaden, der aus dem ersten Streifen im Peyotestich kommt, fädele 14 Zylinderperlen auf und steche dann mit der Nadel durch die beiden Anfangsperlen des zweiten Streifens im Peyotestich wie auf Zeichnung **(b)**.

Fädele im Peyotestich vor und zurück und arbeite so ein Band, welches 18 Perlen breit und 18 Perlen lang ist (neun Perlen auf jeder Seite). Beginne nun mit der Abnahme auf jeder Seite, indem du einfach keine Zylinderperle am Anfang einer Reihe hinzufügst, sondern direkt zur nächsten Perle fädelst. Fahre mit der Abnahme auf diese Weise fort, bis nur noch eine Perle übrig ist, wie Zeichnung **(c)** zeigt.

Arbeite mit den verfügbaren Fadenresten oder knüpfe neuen Faden an wenn nötig. Verziere den gesamten Rand des Bandes und der zwei Verbinder mit Picots aus je drei Charlotten. Die senkrechten Seiten des Bandes verziere, wie in Zeichnung **(d)** gezeigt.

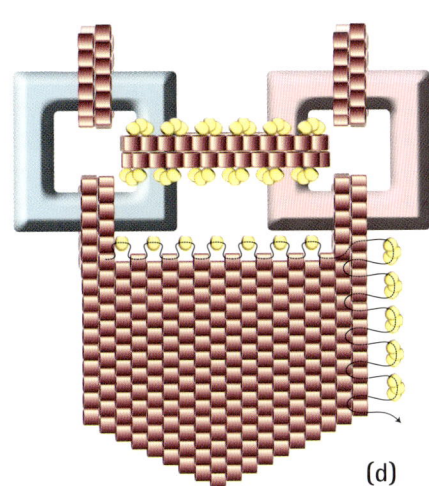
(d)

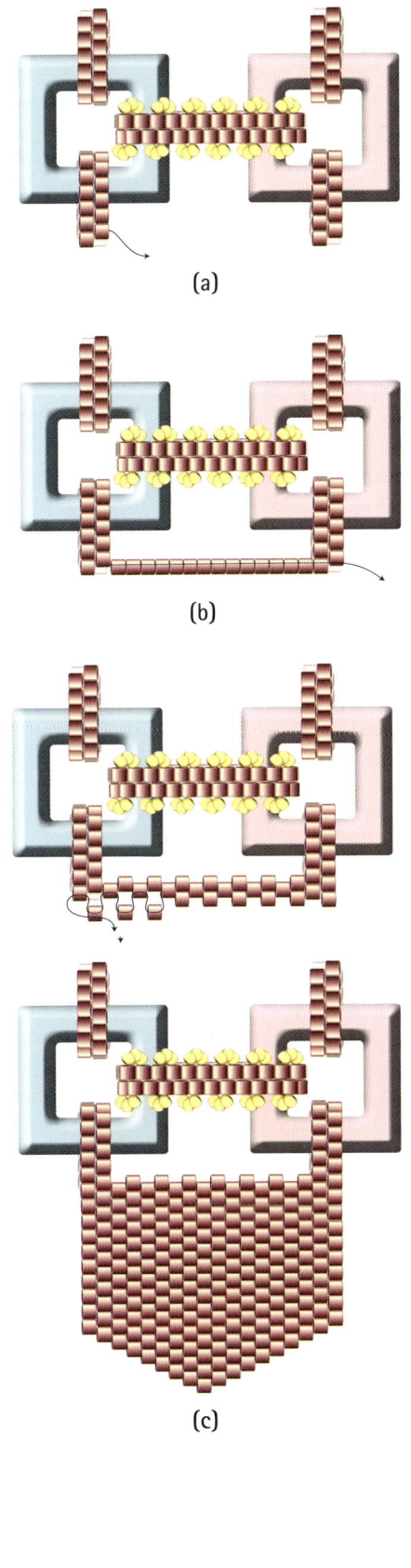
(a)
(b)
(c)

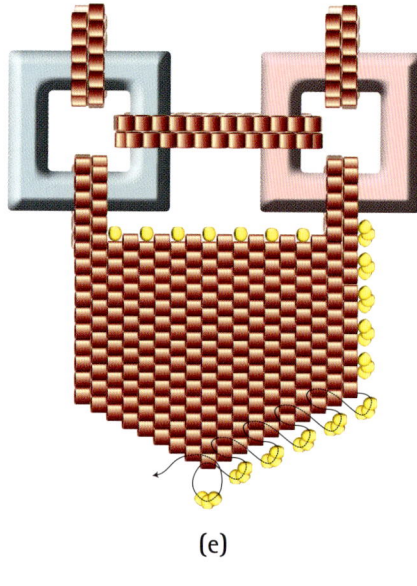

(e)

Die schrägen Ränder des Bandes sind ein wenig komplizierter zu verzieren, sie benötigen die auf der Zeichnung (e) gezeigte Fadenführung.

Wenn du die Randverzierungen fertiggestellt hast, füge dem Band etwas Dimensionaltität hinzu, indem du mit 15/0 Perlen die Oberfläche bestickst. Beginne in der zweiten Reihe des Peyotestichs, komme mit der Nadel aus einer der Zylinderperlen der zweiten Reihe heraus, nimm eine 15/0 Perle auf und fädele in die nächste Perle der zweiten Reihe.

Wiederhole diese Technik, um die zweite, dritte und vierte Reihe Zylinderperlen zu verzieren. Lasse die fünfte, sechste und siebte Reihe aus. Setze die Verzierung an der achten, neunten und zehnten Reihe fort. Lass die elfte, zwölfte und 13. aus und verziere wieder die 14., 15. und 16. Reihe. Dieses Muster fügt dem Band eine interessante Textur hinzu (f). ***

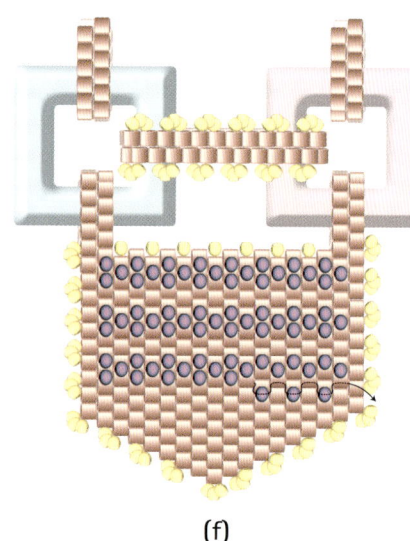

(f)

Wenn du dies beendet hast, nähe die Margarita an, die als Knopf dienen soll. Nähe sie auf die Mitte des oberen Teils des Bandes. Nimm eine 11/0 Perle auf, die die Knopföse simuliert. Nimm dann die Margarite und drei 15/0 Perlen auf. Fädele zurück durch die Margarita und forme damit einen Picot aus den 15/0 Perlen. Fädele zurück durch die 11/0 Perle und in das Band. Um die Verbindung zu festigen, fädele einige Mal zurück durch die 11/0 Perle, die Margarita und die 15/0 Perlen (g).

Verknote und vernähe den Faden mehrfach, wenn du den Knopf angenäht hast. Vernähe auch alle anderen Fäden.

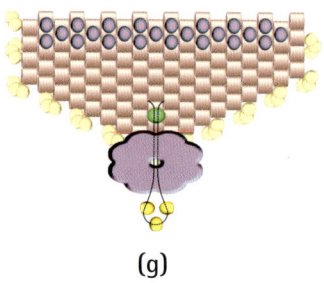

(g)

Schritt 4: Die Knopföse herstellen

Fertige ein Band in derselben Weise an, wie du es für den Knopf am anderen Ende des Armbands gemacht hast. Folge einfach ab Schritt 3 den Anleitungen bis zu den ***.

Jetzt stellst du die Knopföse her. Komme mit der Nadel aus der letzten Perle des Bandes, fädele 23 Zylinderperlen auf und fädele wieder durch die letzte Perle des Bandes, um einen Kreis aus Perlen zu erhalten **(a)**.

Arbeite mit 11/0 Perlen im Peyotestich rund um die Außenseite des Perlenkreises **(b)**.

Wenn du zur letzten Perle des Bandes zurückkommst, arbeite dich im Peyotestich mit 15/0 Perlen um die Innenseite des Perlenkreises herum **(c)**.

Fädele, um die Öse fertig zu stellen, zur äußeren Reihe (aus 11/0 Perlen) zurück und fädele einen Picot aus drei 15/0 Charlotten zwischen jede 11/0 Perle (d). Dieses Vorgehen wird der Außenseite der Öse ein apartes Aussehen verleihen. Verknote und vernähe die übrigen Restfäden.

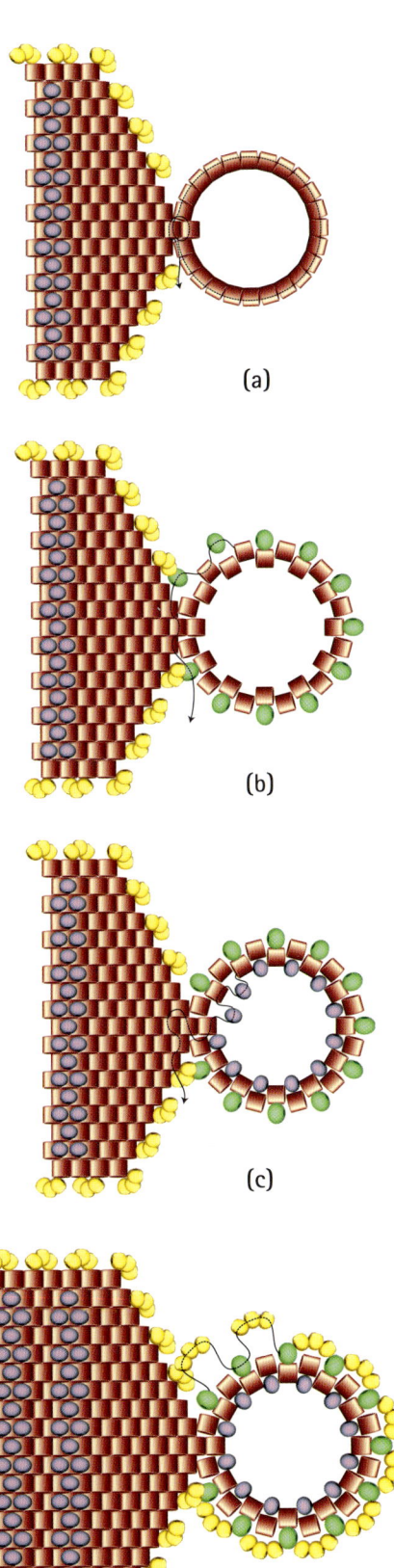

(a)

(b)

(c)

(d)

Flachkristall-Blumenbrosche

Die Arbeitszeit variiert, aber rechne mit mindestens 4 bis 6 Stunden.

Dieses Projekt zeigt dir, wie du eine atemberaubende Kristallbrosche aus einem Stein mit flacher Rückseite herstellen kannst. Du wirst außerdem lernen, wie man Steine auf Leder einfasst.

Schritt 1: Den Kristallstein einfassen

Fasse den Stein in der Technik 1 von Seite 26 ein, führe dann deinen Faden auf die Rückseite des Leders. Verknote den Faden ein- oder zweimal und fädele dann zurück durchs Leder auf die Vorderseite. Sticke eine weitere Reihe Zylinderperlen neben die Reihen der Einfassung. Vergewissere dich, dass diese Reihe eine gerade Anzahl Perlen hat.

Fädele nochmals durch die Perlen, um diese zweite Reihe zu stärken. Fädele zurück durchs Leder auf die Rückseite und verknote den Faden ein- oder zweimal, bevor du ihn abschneidest.

Schritt 2: Die Einfassung verzieren und die Blütenblätter herstellen

Als Nächstes verzierst du den eingefassten Stein. Eine echte Blüte hat meist mehrere Schichten Blütenblätter oder Staubgefäße. Du kannst dies nachahmen, indem du Verzierungen aus Perlen wie Blütenblätter übereinanderlegst.

Arbeite mit einem doppelten Faden FireLine, sodass die Blütenblätter fest werden. Wachse ihn gut mit mikrokristallinem Wachs, so klebt er wie zu einem Faden zusammen.

MATERIAL

- Kristallstein mit flacher Rückseite (rund oder oval)
- 11/0 Zylinderperlen, 2 Gramm von einer Farbe
- 15/0 Saatperlen, insgesamt 6 Gramm von zwei oder mehr Farben
- 11/0 Saatperlen, insgesamt 1 Gramm von zwei Farben
- 15/0 Charlotten, 1 Gramm einer Farbe
- 3 mm Doppelkegel (#5301), die Anzahl hängt von der Größe des Steins ab.
- 2 mm Perlen (#5000), die Anzahl hängt von der Größe des Steins ab
- 2 kleine Stücke italienisches Leder, jedes im Durchmesser 2,5 cm größer als der Durchmesser des Steins
- Broschennadel

WERKZEUGE UND HILFSMITTEL

- englische Perlennadel Größe 12
- englische Ledernadel Größe 12
- FireLine 6 lb.
- Nylonfaden in zum Leder passender Farbe
- mikrokristallines Wachs
- Schere
- E6000-Klebstoff, Zahnstocher

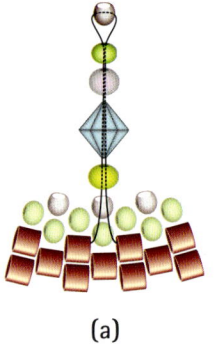

(a)

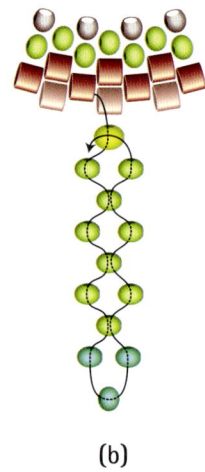

(b)

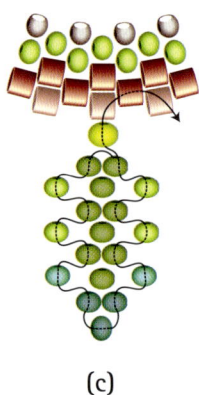

(c)

Fädele zu Beginn 1,8 m FireLine auf deine Nadel. Ziehe den Faden so durch die Nadel, dass du zwei gleich lange Fadenstücke, also einen doppelten Faden in 0,9 m Länge erhälst. Wachse ihn gut, mache einen Knoten ins Ende und lasse ca. 6 mm Fadenrest übrig.

Führe die Nadel von der Rückseite aus durchs Leder und komme zwischen der Einfassungsreihe und der äußeren Reihe heraus. Fädele durch die Einfassung zur obersten Reihe Zylinderperlen.

Verziere die Reihe zwischen jeder Perle mit einer Variante der Kristallexplosionsverzierung (siehe Seite 40). Jede besteht aus einer 11/0 Saatperle, einem 3 mm Doppelkegel, einer runden 2 mm Kristallperle, einer 15/0 Saatperle und einer 15/0 Charlotte. Fädele zurück durch die 15/0 Saatperle, die 2 mm Kristallperle, den 3 mm Doppelkegel und die 11/0 Perle. Fädele durch die nächste Zylinderperle der Reihe und wiederhole dies **(a)**.

Wenn du die erste Reihe Verzierungen fertiggestellt hast, wechsele eine Reihe Zylinderperlen nach unten. Fädele ein Blütenblatt zwischen jeder Zylinderperle in dieser zweiten Reihe. Beginne mit dem Aufnehmen von einer 11/0 Perle und neun 15/0 Perlen (sechs der Farbe A und drei der Farbe B). Fädele zurück durch die sechs 15/0 Perlen und forme einen Picot aus den letzten drei 15/0 Perlen (Farbe B). Fädele im Peyotestich zurück zur 11/0 Perle mit 15/0 Perlen der Farbe A **(b)**.

Fädele, wenn Du die letzte 15/0 Perle aufgenommen hast, eine Kehrtwende und komme aus der ersten 15/0 Perle heraus, die du aufgefädelt hast. Fädele jetzt im Peyotestich mit 15/0 Perlen ein weiteres Mal herum. Nimm an der Spitze des Picots ein Perle der Farbe B auf und fädele durch die Perlen des Picots. Nehme eine weitere 15/0 Perle der Farbe B auf und fädele zurück zur Basis **(c)**.

Fädele durch die 11/0 Saatperle an der Basis des Blütenblatts und in die nächste Zylinderperle der Reihe. Führe dies den ganzen Weg um die Einfassung herum weiter, bis jeweils ein Blütenblatt zwischen jeder Perle der Reihe sitzt.

Wenn du die Blütenblätter fertiggestellt hast, fädele zur Einfassung zurück und steche durchs Leder. Verknote den Faden mehrfach und schneide den Faden ab, lasse jedoch einen Fadenrest von ca. 6 mm stehen. Lege die Blume beiseite.

Schritt 3: Die Rückseite anbringen

Bestücke eine Ledernadel mit einem ca. 90 cm langen Nylonfaden. Wachse ihn gut, verknote ihn und lasse einen Fadenrest von ca. 6 mm übrig. Führe die Nadel durch das Leder, sodass du genau innerhalb der äußeren Verzierungsreihe herauskommst.

Platziere die Broschennadel mittig auf der ledernen Rückseite und markiere die Stellen, an denen du für die Ösenseite und für die Nadel der Broschennadel Löcher machen musst. Schneide mit einer Schere kleine Löcher in das Leder und drücke die Broschennadel hindurch **(a)**.

Streiche mit einem Zahnstocher eine dünne Schicht E6000 Kleber auf die Rückseite des bestickten Leders, platziere die Abdeckung auf dem Leder und lasse den Kleber für 20 Minuten trocknen. Schneide mit einer scharfen, spitzen Schere die beiden Stücke Leder zurecht und lasse einen ca. eine Perle breiten Rand um die äußere Perlenreihe stehen.

Führe die Ledernadel durch beide Schichten des Leders und drehe die Blume mit dem Gesicht nach unten. Arbeite von der Unterseite aus und nähe die Ränder des Leders mit kleinen Stichen und Zwischenräumen von ca. 1,6 bis 3 mm zusammen. Wenn du damit fertig bist, führe die Nadel, genau an der Innenseite der äußeren Verzierungsreihe herauskommend, wieder durchs Leder.

Fädele durch einige Perlen dieser Reihe und dann im Peyotestich mit Zylinderperlen weiter. Arbeite eine Reihe Zylinderperlen, gefolgt von zwei Reihen 11/0 Saatperlen, um die Basisreihe zu vervollständigen und die Lederränder zu verdecken. Verknote den Faden mehrfach, bevor du ihn abschneidest.

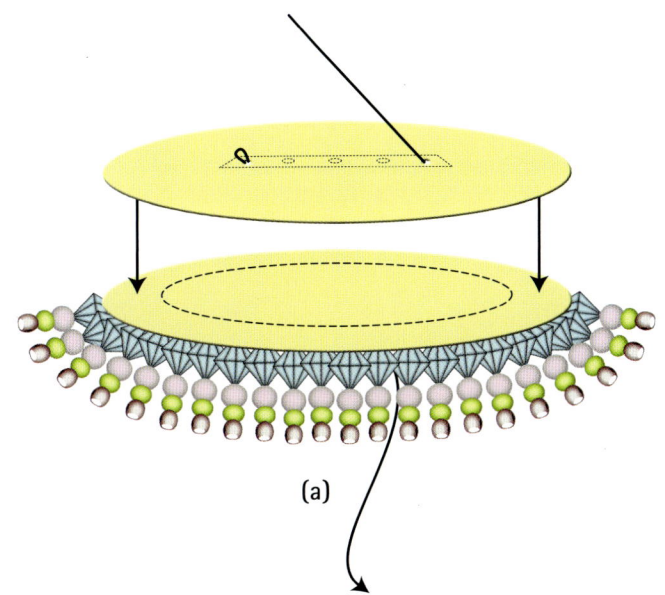

(a)

Dahlienhalskette aus Kristallen

Die Arbeitszeit variiert, aber rechne mit mindestens 12 bis 16 Stunden.

Diese klare Kristallhalskette (auf der rechten Seite des Fotos) ist eine vereinfachte, mit Kristallen verzierte Version einer Dahlienhalskette, die ich 2003 angefertigt habe. Die Originalkette erhielt den Preis „Best in Show" beim Wettbewerb „Bead Dreams 2003" und erschien im Sommer 2004 als Titelfoto des Magazins „Bead & Button Bead Dreams". Es ist ein wundervolles Projekt, inspiriert durch die Dahlien, die ich jeden Sommer in meinem Garten ziehe.

Schritt 1: Die Steine einfassen

Der erste Schritt besteht darin, den Stein für die Mitte der Blume einzufassen. Du kannst aus einer Vielzahl von Arten und Größen wählen, zum Beispiel 14, 16, oder 18 mm Rivoli oder Dentelles der Größe 60ss oder 65ss (im Projekt wird eine Dentelle der Größe 65ss verwendet). Fasse den Stein mit der Technik 2 von Seite 27 ein. Lasse den Fadenrest hängen, du brauchst ihn später, um die Anhängeröse zu fädeln.

Schritt 2: Den Stein verzieren und die Blütenblätter anbringen

Verziere als Nächstes den eingefassten Stein. Überlagere, genau wie bei der Flachkristall-Blumenbrosche von Seite 110, die Verzierungen und Blütenblätter, um der Blume Dimensionalität zu verleihen.

Arbeite mit einem doppelten Faden FireLine, sodass die Blütenblätter fest werden und nicht umklappen. Es ist zwar schwieriger, mit einem doppelten Faden zu arbeiten, aber wenn du ihn gut mit mikrokristallinem Wachs einwachst, klebt er zusammen und verhält sich wie ein einzelner Faden.

MATERIAL

- 11/0 Saatperlen, 15 Gramm
- 15/0 Saatperlen, je 10 Gramm von drei Farben
- 15/0 Charlotten, 3 Gramm
- 11/0 Zylinderperlen, 5 Gramm
- Rivoli oder hinten spitzer Stein, Größe kann variieren
- 3 mm oder 4 mm Kristalldoppelkegel (#5301), 288-432 Stück
- 2 mm Kristallperlen (#5000), 576-864 Stück
- 7 mm x 4 mm große facettierte Kristalltropfen (#6007), 144-288 Stück
- antiker Knopf

WERKZEUGE UND HILFSMITTEL

- englische Perlennadel Größe 12 und 13
- FireLine 6 lb.
- mikrokristallines Wachs
- Schere

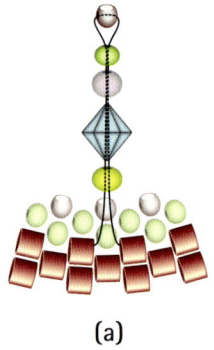

(a)

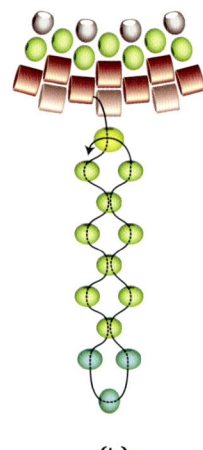

(b)

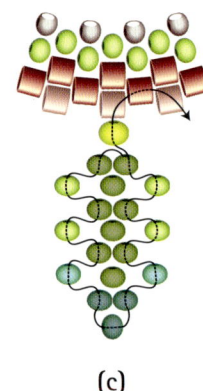

(c)

Fädele zum Beginn 1,8 m FireLine auf deine Nadel. Ziehe den Faden so durch die Nadel, dass du zwei gleich lange Fadenstücke, also einen doppelten Faden in 0,9 m Länge erhälst. Wachse ihn gut, mache einen Knoten ins Ende und lasse ca. 6 mm Fadenrest übrig.

Fädele durch die Einfassung zur obersten Reihe der Zylinderperlen. Stelle, genau wie bei der Blumenbrosche, zuerst eine Reihe Verzierungen her und danach eine Reihe Blütenblätter. Fertige die gleiche Art Verzierung wie für die erste Reihe der Verzierungen der Blumenbrosche an **(a)**. Fädele dann zur nächsten Reihe Zylinderperlen und fädele eine komplette Reihe von Blütenblättern, mit je einem Blütenblatt zwischen alle Zylinderperlen der Reihe. Folge, um Blütenblätter zu fädeln, den Zeichnungen **(b)** und **(c)** und ebenfalls den Anweisungen auf den Seiten 111–112.

Wenn du noch Faden auf deiner Nadel hast, lasse ihn für den Moment hängen – du kannst ihn später benutzen, um die Kristallperlenfransen hinter den Blütenblättern anzubringen.

Schritt 3: Die Anhängeröse anfertigen

Nachdem du die Blütenblätter gefädelt hast, kannst du nun die Anhängeröse fertigen. Arbeite mit einem Restfaden der Einfassung des Steins und fädele zur oberen Seite der Einfassung, hinter der Reihe mit den Blütenblättern. Beginne nun mit einem schmalen Stück (vier bis sechs Perlen breit) im Peyotestich, um eine Zunge anzufertigen, die zur Schlaufe gelegt die Anhängeröse ergibt. Achte darauf, dass die Öse weit genug ist, um über die Spiralkette gleiten zu können. Verziere beide Seiten der Öse mit Picots aus 15/0 Charlotten.

Schritt 4: Hinzufügen der verzweigten Fransenverzierung

Nachdem du die Anhängeröse gefertigt hast, kannst du den Stein weiter verzieren. Arbeite für diese Verzierungen mit doppeltem Faden, um Spannung und Haltbarkeit zu gewährleisten. Arbeite in der Reihe Zylinderperlen direkt hinter den Blütenblättern, den Anweisungen auf Seite 41 folgend, verzweigte Fransen aus Kristallen. Beginne mit den Fransen an der Oberseite des Steins, dort, wo die Anhängeröse ist. Beginne mit einer Franse, die drei 11/0 Perlen lang ist.

Arbeite dich um die Einfassung von oben nach unten herum und nimm bei jeder Franse ein oder zwei 11/0 Perlen zu. Wenn du die untere Seite des Anhängers erreicht hast, beginne damit, bei jeder Franse wieder Perlen abzunehmen, sodass diese mit der ersten Seite symmetrisch wird. Wenn du alle Fransen fertiggestellt hast, verknote und vernähe den Faden mehrfach, bevor du ihn abschneidest.

Schritt 5: Die Spiralkette anfertigen

Die Kette für diesen Anhänger ist eine Kristallspiralkette. Du kannst jede der verschiedenen Variationen für diesen Anhänger anfertigen. Blättere zurück auf Seite 45, um die Anleitung für die Kristallspiralkette noch einmal anzusehen. Die Variante, die hier gezeigt wird, ist dieselbe Basisspirale wie bei der Kristallexplosionshalskette (siehe Seite 79). Der Kern ist aus 11/0 Perlen angefertigt und die Außenperlen sind: Eine Reihe 15/0 Perlen, eine runde 2 mm Kristallperle (Artikelnummer 5000), ein 4 mm Doppelkegel (Artikelnummer 5301), eine runde 2 mm Kristallperle (Artikelnummer 5000) und eine 15/0 Perle.

Schritt 6: Den Verschluss anbringen

Wenn du die Kette fertiggestellt hast, schiebe den Anhänger auf die Kette, bevor du den Verschluss hinzufügst. Wähle einen der in Kapitel sechs beschriebenen Verschlüsse. Ich habe einen antiken Metallknopf und die Technik gewählt, die für die Kristallspiralkette auf den Seiten 46–47 beschrieben wird.

Verschluss mit antikem Knopf

VARIATION

Die Dahlienhalskette hat wie auch diese Variation einen antiken Stein als Mittelstück. Diese Variante wurde mit Blütenblättern aus goldenen Saatperlen anstelle der im Projekt beschriebenen Fransen gearbeitet.

Zu dieser Halskette gehört ein einzigartiger, antiker Stein, der oben rund ist und eine facettierte, folierte Rückseite hat. Jedes Blütenblatt wurde mit unterschiedlichen Perlen, von 11/0 Saatperlen (in der Mitte) über Zylinderperlen bis zu 15/0 Saatperlen am Rand, gefertigt. Die verschiedenen Perlengrößen erzeugen die Rundungen der Blütenblätter. Die Kette ist eine Kristallspiralkette mit zusätzlichen Perlen. Der Verschluss ist ein Knebelverschluss aus Perlen.

WEINBERGJUWELEN

Die Arbeitszeit variiert, aber rechne mit mindestens 16 bis 20 Stunden.

Der glitzernde Swarovski-Stein schmiegt sich an die Trauben aus Perlen und enthüllt die Quelle meiner Inspiration: Die Weinberge von San Luis Obispo, Kalifornien. Diese Halskette wurde, neben der Halskette „Ringe & Dinge" von Seite 90, ebenfalls für den Kurs „Beads on the vine", ein jährliches Treffen unterstützt von der „School of Beadwork" und abgehalten im „Edna Valley Vineyard" in San Luis Obispo, entworfen.

Schritt 1: Das Einfassen der Steine

Der erste Schritt ist das Einfassen der 18 mm Rivoli. Fasse die Steine mit der Technik 2 von Seite 27 ein.

Schritt 2: Die Aufhängung herstellen

Wenn du beide Steine eingefasst hast, beginne die Aufhängung anzufertigen. Diese Aufhängung ist im Ndebelestich (Seite 22) gearbeitet, welcher direkt an die Peyoteeinfassung gefädelt wird, sodass ein nahtloser Übergang entsteht.

* Nimm, mit der Nadel aus einer Zylinderperle der mittleren Reihe der Einfassung des Rivoli kommend, drei Zylinderperlen auf und fädele durch die nächste Zylinderperle der Reihe. Siehe Zeichnung **(a)** auf der nächsten Seite. Fädele nun schräg zur nächsten Zylinderperle, mache eine Kehrtwende und fädele in die andere Richtung durch die Zylinderperle, die direkt unter der liegt, die du gerade durchfädelt hast. Fädele dann zurück durch die Zylinderperle der Mittelreihe.

MATERIAL

- 18 mm Rivoli (#1122), 2 Stück
- 11/0 Zylinderperlen, 20 Gramm von einer Farbe
- 11/0 Saatperlen, je 5 Gramm von zwei Farben
- 15/0 Saatperlen, je 2 Gramm von zwei Farben; 5 Gramm von einer dritten Farbe
- 4 mm feuerpolierte Perlen, 30-40 Stück
- 3 mm Doppelkegel (#5301), 30 Stück
- 4 mm Doppelkegel (#5301), 30 Stück
- 15/0 Metall-Charlotten, 4 Gramm einer Farbe
- 6 mm Süßwasserperlen, 1 1/2 Stränge (ca. 40 cm)

WERKZEUGE UND HILFSMITTEL

- englische Perlennadel Größe 12 und 13
- FireLine 6 lb.
- mikrokristallines Wachs
- Schere

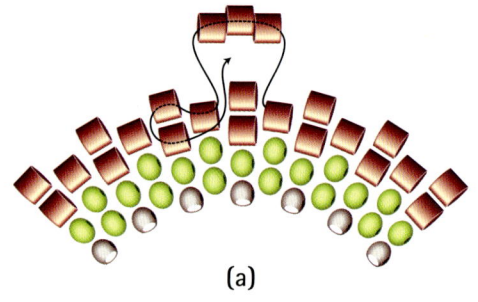

(a)

Nachdem du mit der Nadel aus dieser Perle herausgekommen bist, nimm drei weitere Zylinderperlen auf und fädele zurück durch die ursprüngliche Zylinderperle, aus der du am Anfang herauskamst. Mache eine weitere Kehrtwende, um in die erste der sechs gerade hinzugefügten Zylinderperlen zu kommen. Diese sechs Zylinderperlen werden als Basis für die 3-Perlen-Leiter aus Ndebele dienen, welche aus der Einfassung heraus erwachsen wird.

Arbeite mit diesen sechs neu hinzugefügten Perlen als Basis und beginne mit der 3-Perlen-Leiter im runden Ndebelestich, den Anweisungen auf Seite 22 folgend. Nach einer Runde aus Zylinderperlen gehe eine Stufe nach oben und fertige eine weitere Runde aus 11/0 Saatperlen.

Beginne als Nächstes mit den Verzierungen aus echten Perlen, die die Aufhängung direkt über der Einfassung verzieren. Nimm, mit der Nadel aus der ersten Perle in der ersten Leiter des Ndebele kommend, eine 11/0 Perle, eine echte Perle und drei 15/0 Charlotten auf. Nimm für diese und die folgenden Verzierungen eine andere Farbe der 11/0 Perlen als für den Kern. Dies macht es einfacher, die Kernperlen von den Verzierungsperlen zu unterscheiden. Fädele zurück durch die echte und die 11/0 Perle, um einen Picot aus den drei Charlotten herzustellen. Fädele dann herunter in die zweite Perle der ersten Leiter des Ndebele.

Wiederhole diesen Vorgang zwischen der ersten und zweiten Leiter, fädele dann in die dritte Leiter und wiederhole ihn ein drittes Mal. Du solltest eine Verzierung auf jeder und eine zwischen jeder Leiter haben, sodass sich an dieser Reihe insgesamt sechs Verzierungen befinden **(b)**.

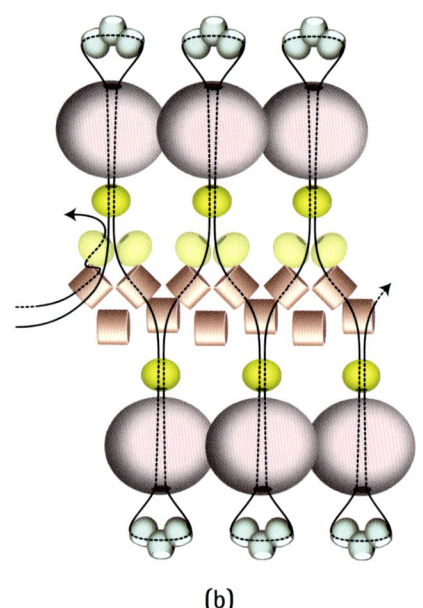

(b)

Fädele nun drei Reihen mit 11/0 Perlen im Ndebelestich und eine weitere Reihe mit den sechs Perlenverzierungen. Fädele dann zwei Reihen aus 11/0 Perlen und eine Reihe mit Verzierungen aus 4 mm Doppelkegeln in der gleichen Art, benutze aber 15/0 Saatperlen anstatt der Charlotten für die Picots am Ende jeder Verzierung **(c)**.

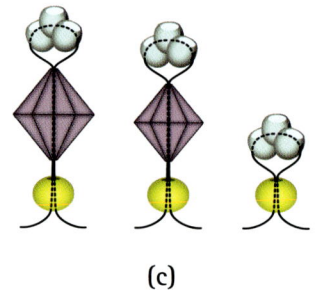

(c)

Fertige nun eine weitere Reihe aus 11/0 Perlen und eine Reihe mit Verzierungen aus 3 mm Doppelkegeln (genauso wie mit den 4 mm Doppelkegeln). Fädele eine weitere Reihe aus 11/0 Perlen und eine mit einfachen Picots aus 11/0 Perlen. Genauso wie die anderen, aber dieses Mal mit einer 11/0 Perle und dann drei 15/0 Perlen für den Picot (siehe Seite 39). Nachdem du diese letzte Reihe mit Verzierungen fertiggestellt hast, fädele eine weitere Reihe mit 11/0 Perlen und fädele die Stufe hinauf.

Nimm, mit der Nadel aus der ersten Perle der ersten Leiter kommend, eine 4 mm feuerpolierte Perle und zwei 11/0 Perlen auf. Fädele zurück durch die feuerpolierte Perle und in die zweite

Perle dieser ersten Leiter im Ndebelestich. Fädele in die erste Perle der zweiten Leiter hinauf und wiederhole das Hinzufügen der 11/0 und der feuerpolierten Perle (siehe Kasten).

Wenn du diese Runde fertiggestellt hast, fädele durch die feuerpolierte Perle und komme aus der ersten der zwei 11/0 Perlen, die wir auf die erste Leiter gesetzt haben, heraus. Jetzt bist du so weit, um die nächste Reihe zu beginnen.

Arbeite drei Reihen aus 15/0 Perlen, ** gefolgt von 15 Reihen Zylinderperlen. Fädele dann drei Reihen aus 15/0 Perlen und eine Reihe aus 11/0 Perlen. Füge eine weitere Reihe mit 4 mm feuerpolierten Perlen (mit den zwei 11/0 Perlen oben drauf) und drei weitere Reihen aus 15/0 Perlen hinzu.

Zum Abschluss fertige die Anhängeröse an. Nimm, mit der Nadel aus der ersten Leiter kommend, zwei Zylinderperlen auf und fädele zurück in die zweite Perle der ersten Leiter. Fädele eine Kehrtwende und komme mit der Nadel aus der ersten Zylinderperle, welche hinzugefügt wurde, hinaus. Füge zwei weitere Zylinderperlen hinzu; wie die Zeichnung (d) zeigt. Du bist nun zu einem flachen Ndebelestich, der nur eine Leiter breit ist, übergegangen. Fahre fort, bis du ungefähr 26 Reihen gefädelt hast.

Nähe die letzte Reihe an je eine Perle jeder Leiter auf der anderen Seite, teile die Leitern dabei in zwei Teile. Jetzt hast du die erste der beiden Aufhängungen erfolgreich fertiggestellt (den Anhänger, der sich auf der rechten Seite der Halskette auf dem Foto auf Seite 118 befindet).

Beginne den zweiten, kürzeren Anhänger wie den ersten. Beginne bei * und ende bei **. Füge nun fünf Reihen Zylinderperlen hinzu und fädele die Öse direkt aus der obersten Reihe Zylinderperlen heraus.

Gehe zurück und füge der mittleren Reihe aus Zylinderperlen der Einfassung des Steins Picots aus 15/0 Charlotten hinzu. Beginne an einer Seite der Aufhängung und fädele um den Stein herum zur anderen Seite, indem du je drei Perlen aufnimmst und durch die nächste Zylinderperle der mittleren Reihe fädelst.

(d)

HINZUFÜGEN DER 11/0 UND DER FEUERPOLIERTEN PERLEN

Das Hinzufügen kann ein bisschen kompliziert sein. Beginne, indem du mit der Nadel aus der ersten Perle der ersten Leiter kommst, so, als würdest du mit einer neuen Reihe beginnen.

Nimm eine 4 mm feuerpolierte Perle und zwei weitere 11/0 Perlen auf. Fädele zurück durch die feuerpolierte und hinunter in die zweite Perle der ersten Leiter. Fädele dann durch die erste Perle der zweiten Leiter und wiederhole den Vorgang.

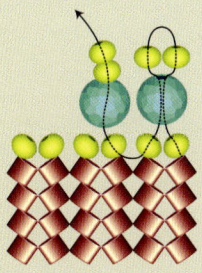

Wenn du dies auf allen drei Leitern gemacht hast, fädele hoch durch die 11/0 Perle der ersten Leiter, dann durch die feuerpolierte und eine der 11/0 Perlen, um ganz nach oben zu gelangen. Jetzt kannst du eine neue Reihe im normalen Ndebelestich beginnen.

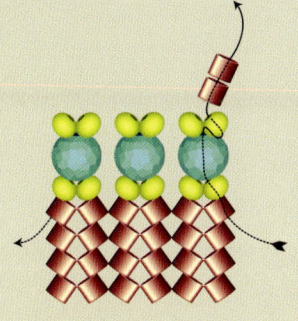

Schritt 3: Die Halskette herstellen

Der Kettenteil ist im runden, 3-Leiter-Ndebelestich gefertigt. Arbeite den Stich nach den Anweisungen auf Seite 22 und beginne die Ursprungsreihe mit zwölf Zylinderperlen.

Der Rapport für die auf dem Foto gezeigte Kette lautet:

- 15 Reihen Zylinderperlen
- 3 Reihen aus 15/0 Saatperlen
- 1 Reihe aus 11/0 Saatperlen
- 1 Reihe aus 11/0 und feuerpolierten Perlen (siehe Kasten auf Seite 121)
- 3 weitere Reihen aus 15/0 Perlen

Folge diesem Rapport und wiederhole ihn fünf Mal; beende den Vorgang mit der Reihe der 11/0 und feuerpolierten Perlen.

Wenn du die Mitte der Kette erreicht hast, verwendest du dieselben Verzierungen wie bei den Aufhängern des Rivoli. Das Rapport dafür lautet wie folgt:

- 1 Reihe 11/0 Saatperlen
- 1 Reihe einfacher 11/0 Picot-Verzierungen auf und zwischen jeder Leiter (insgesamt sechs)
- 1 Reihe 11/0 Saatperlen
- 1 Reihe aus 3 mm Doppelkegeln als Verzierung auf und zwischen jeder Leiter (insgesamt sechs)
- 1 Reihe 11/0 Saatperlen
- 1 Reihe aus 4 mm Doppelkegeln als Verzierung auf und zwischen jeder Leiter (insgesamt sechs)
- 2 Reihen 11/0 Saatperlen
- 1 Reihe Verzierungen aus echten Perlen auf und zwischen jeder Leiter (insgesamt sechs)
- 3 Reihen 11/0 Saatperlen
- 1 Reihe Verzierungen aus echten Perlen auf und zwischen jeder Leiter (insgesamt sechs)
- 5 Reihen 11/0 Saatperlen (schiebe die Öse des zweiten, kürzeren Anhängers darüber)
- 1 Reihe Verzierungen aus echten Perlen auf und zwischen jeder Leiter (insgesamt sechs)
- 3 Reihen 11/0 Saatperlen
- 1 Reihe Verzierungen aus echten Perlen auf und zwischen jeder Leiter (insgesamt sechs)
- 5 Reihen 11/0 Saatperlen (schiebe die Öse des ersten, längeren Anhängers darüber)
- 1 Reihe Verzierungen aus echten Perlen auf und zwischen jeder Leiter (insgesamt sechs)
- 3 Reihen 11/0 Saatperlen
- 1 Reihe Verzierungen aus echten Perlen auf und zwischen jeder Leiter (insgesamt sechs)
- 2 Reihen 11/0 Saatperlen
- 1 Reihe aus 4 mm Doppelkegeln als Verzierung auf und zwischen jeder Leiter (insgesamt sechs)
- 1 Reihe 11/0 Saatperlen
- 1 Reihe aus 3 mm Doppelkegeln als Verzierung auf und zwischen jeder Leiter (insgesamt sechs)
- 1 Reihe aus 11/0 Saatperlen
- 1 Reihe einfacher 11/0 Picot-Verzierungen auf und zwischen jeder Leiter (insgesamt sechs)
- 1 Reihe aus 11/0 Saatperlen
- 1 Reihe aus 11/0 und feuerpolierte Perlen
- 3 Reihen aus 15/0 Saatperlen

Wenn du diesen Abschnitt für die Mitte fertig hast, beginnst du, mit den Zylinderperlen weiterzufädeln. Fange mit demselben Rapport, den du für den ersten Teil dieses Abschnitts gemacht hast, an. Fädele fünf komplette Abschnitte und schließe mit drei Reihen 15/0 Saatperlen ab.

Schritt 4: Den Knopfverschluss herstellen

Wenn du den Kettenteil (inklusive der aufgenommenen Anhänger) fertiggestellt hast, kannst du den Knopfverschluss hinzufügen. Dieser Verschluss hat auf einer Seite eine Traube aus echten Perlen und eine gefädelte Öse auf der anderen Seite.

Normalerweise bringe ich die Öse auf der Seite an, die beim Anlegen der Kette in meiner rechten Hand ist. Weil ich Rechtshänderin bin, macht es diese Positionierung für mich einfacher, die Kette zu schließen. Falls du Linkshänderin bist, bringst du die Öse eventuell lieber am anderen Ende an.

Beginne mit dem Anfertigen des Knopfteils für den Verschluss. Dieser traubenförmige Knopf spiegelt den Abschnitt in der Mitte der Kette wider. Diese Seite der Kette endete mit drei Reihen aus 15/0 Saatperlen. Fahre mit der 3-Leiter-Röhre aus Ndebele wie folgt fort:

- 1 Reihe 11/0 Saatperlen
- 1 Reihe 11/0 und feuerpolierte Perlen
- 1 Reihe 11/0 Saatperlen
- 1 Reihe einfacher 11/0 Picot-Verzierungen auf und zwischen jeder Leiter (insgesamt sechs)
- 1 Reihe 11/0 Saatperlen
- 1 Reihe aus 3 mm Doppelkegeln als Verzierung auf und zwischen jeder Leiter (insgesamt sechs)
- 1 Reihe 11/0 Saatperlen
- 1 Reihe aus 4 mm Doppelkegeln als Verzierung auf und zwischen jeder Leiter (insgesamt sechs)
- 2 Reihen 11/0 Saatperlen
- 1 Reihe Verzierungen aus echten Perlen auf und zwischen jeder Leiter (insgesamt sechs)
- 3 Reihen 11/0 Saatperlen
- 1 Reihe Verzierungen aus echten Perlen auf und zwischen jeder Leiter (insgesamt sechs)
- 3 Reihen 11/0 Saatperlen
- 1 Reihe Verzierungen aus echten Perlen auf und zwischen jeder Leiter (insgesamt sechs)

Nimm am Ende des Knopfes ab, indem du eine Reihe im Ndeblestich mit 11/0 Perlen und nur einer Perle anstatt der gewohnten zwei auf jeder Leiter machst. Führe den Faden ein zweites Mal durch diese drei oberen 11/0 Perlen, um ihn zu sichern. Verknote den Faden mehrfach, bevor du ihn abschneidest.

Beginne, um die Seite mit der Öse zu fertigen, einen eine Perle breiten Streifen in flachem Ndebelestich, so wie du es für die Anhängeröse getan hast. Der Streifen für die Öse ist entstanden aus:

- 5 Reihen Zylinderperlen
- 3 Reihen 15/0 Saatperlen
- 1 Reihe 11/0 und feuerpolierten Perlen
- 2 Reihen 15/0 Saatperlen
- 10 Reihen Zylinderperlen
- 1 Reihe 15/0 Saatperlen
- 1 Reihe 11/0 Saatperlen
- 1 Reihe 11/0 und feuerpolierten Perlen
- 1 Reihe 15/0 Saatperlen
- 10 Reihen Zylinderperlen
- 3 Reihen 15/0 Saatperlen
- 1 Reihe 11/0 und feuerpolierten Perlen
- 2 Reihen 15/0 Saatperlen
- 5 Reihen Zylinderperlen

Nähe die letzte Reihe an je eine Perle jeder Leiter auf der anderen Seite und teile die Leitern dabei in zwei Teile, wie du es bei den Anhängerösen gemacht hast.

Kronjuwel

Die Arbeitszeit variiert, aber rechne mit mindestens 5 bis 7 Stunden.

Dieses Projekt wurde durch die reine Magie der Kristalle und die Schönheit der Mathematik inspiriert. Der Würfel ist ein geometrisches Wunder, er kommt immer und immer wieder in der Natur vor. Dieses Projekt zeigt dir, wie du hohle Objekte herstellen kannst, die ihre Form ohne irgendeine Art innerer Unterstützung halten.

Die Berechnung ist sehr genau, also ist es wichtig, Steine auszusuchen, bei denen die erste Runde der Einfassung aus einer Anzahl Perlen besteht, die durch vier teilbar ist und dieses Ergebnis außerdem eine gerade Zahl ist (Anmerkung: Ohne Rest durch acht teilbar). Zum Beispiel können Steine mit einer Einfassung von 24, 32, 40, 48 usw. verwendet werden. Eine Reihe guter Möglichkeiten für dieses Projekt wären:

- quadratische 8 mm Steine (Artikelnummer 4650 oder 4470). Deren erste Einfassungsrunde aus Zylinderperlen umfasst 24 Perlen.
- 13 mm Kristallringe (Artikelnummer 1245). Deren erste Einfassungsrunde aus Zylinderperlen umfasst 32 Perlen.
- 16 mm Rivoli oder Dentelle der Größe 65ss. Deren erste Einfassungsrunde aus Zylinderperlen beträgt 40 Perlen.

MATERIAL
(für ein Kronjuwel)

- 6 Kristallsteine (in gewünschter Größe, wie links erklärt)
- 11/0 Zylinderperlen, 5 Gramm von einer Farbe
- 15/0 Saatperlen, insgesamt 4 Gramm von zwei oder drei Farben
- 15/0 Metall-Charlotten, 2 Gramm einer Farbe
- 3 mm Doppelkegel (#5301), 18 Stück

WERKZEUGE UND HILFSMITTEL

- englische Perlennadel Größe 12
- FireLine 6 lb.
- mikrokristallines Wachs
- Schere

Schritt 1: Die Steine einfassen

Der erste Schritt besteht darin, die sechs Steine einzufassen. Fasse die Steine mit der Technik 2 von Seite 27 ein. Wenn du die einzelnen Einfassungen fertiggestellt hast, lasse den Faden dran – du brauchst ihn später, um die Steine zu verbinden.

Schritt 2: Die Seiten anfertigen

Fädele den Faden des ersten Steins bis zur mittleren Reihe der drei Reihen aus Zylinderperlen in der Mitte der Einfassung des Steins. Nimm, mit der Nadel aus einer dieser Zylinderperlen kommend, eine Zylinderperle auf und fädele durch die nächste Zylinderperle dieser Reihe. Die Anzahl der hinzuzufügenden Zylinderperlen hängt von der Größe deines Steins wie folgt ab:

Für 16 mm Rivoli oder 65ss Dentelle: Füge drei Zylinderperlen auf der Hin- und drei Zylinderperlen auf der Rückseite hinzu (insgesamt sechs Perlen breit).

Für 13 mm Kristallringe: Füge zwei Zylinderperlen auf der Hin- und zwei Zylinderperlen auf der Rückseite hinzu (insgesamt vier Perlen breit), wie die Zeichnung zeigt.

Für quadratische 8 mm Steine: Füge eine Zylinderperle auf der Hin- und eine Zylinderperle auf der Rückseite hinzu (insgesamt zwei Perlen breit).

Nimm eine Perle auf und fädele im Peyotestich zurück, sodass du eine Zunge erhälst, die zwei Reihen lang ist (zähle eine Perle auf jeder Seite). Die Breite hängt, wie oben beschrieben, von der Steingröße ab. Diese Zunge brauchst du, um einen Stein mit dem anderen zu verbinden **(a)**.

Um den ersten Stein zu verbinden, benutze den Fadenrest an der Zunge und vernähe ihn wie bei einem Reißverschluss mit der mittleren Reihe der Einfassung des nächsten Steins **(b)**.

Arbeite dann mit dem Fadenrest des zweiten Rivoli weiter und fädele diesen zum entgegengesetzten Ende, sodass seine Zunge der ersten genau gegenüber ist. Wiederhole dies, um alle vier Steine miteinander zu verbinden **(c)**.

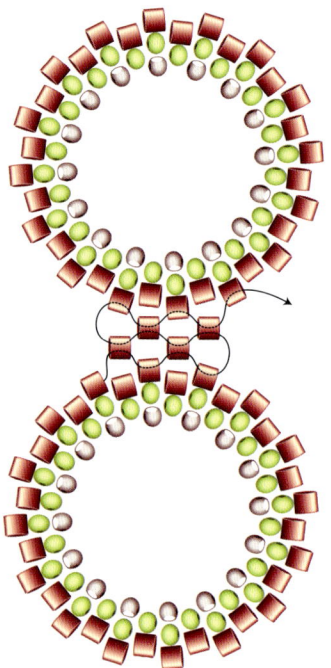

(a, Schritt 2)

(b, Schritt 2)

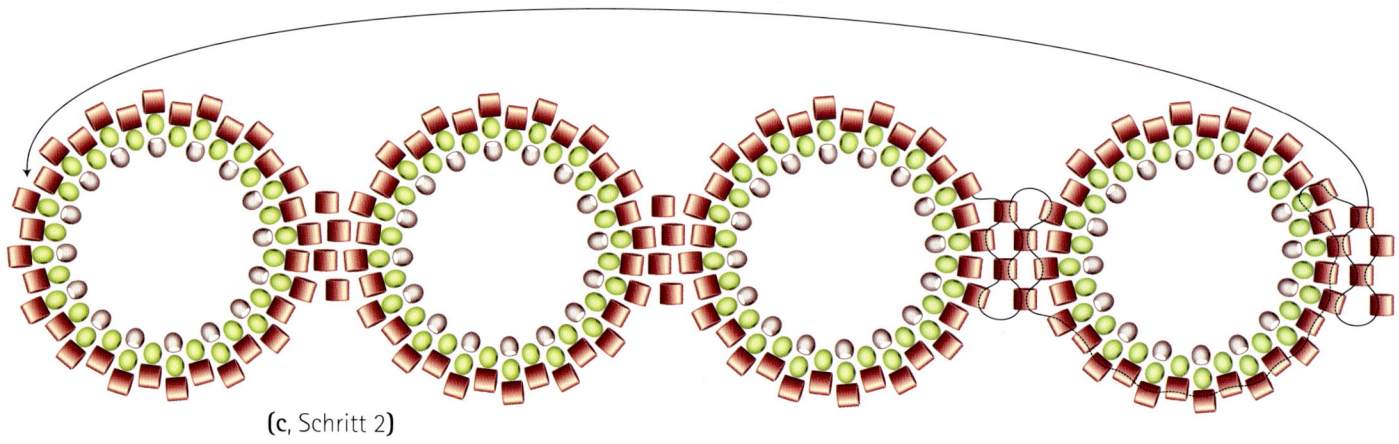

(c, Schritt 2)

Wenn du alle Steine verbunden hast, verziere jeweils beide Ränder der Zunge mit Picots aus drei Charlotten. Diese Picots sind die Basis, um dort später die Ecken aus Doppelkegeln einzufädeln **(d)**.

Schritt 3: Die Ober- und Unterseite anfügen

Nachdem du alle vier Seiten des Würfels zusammengenäht hast, kannst du die Ober- und Unterseite mit den beiden letzten Steinen vervollständigen. Verknote und vernähe beide Fadenreste, da du bereits genug Fadenreste hast, um damit weiterzuarbeiten.

Arbeite mit den Fadenresten am Würfel weiter und fädele Zungen in derselben Größe wie für die Seiten an die Ober- und Unterseiten **(a)**. Diese Zungen müssen mit gleichem Abstand zwischen den Seitenverbindungen platziert werden.

Verbinde die Ober- und Unterseitensteine mit den Seiten des Würfels, indem du sie wie bei einem Reißverschluss vernähst. Wiederhole, wie eben, die Verzierung der Ränder der Zungen mit je drei Charlotten **(b)**.

Schritt 4: Die Ecken hinzufügen

Fülle zur Fertigstellung die Ecken mit 3 mm Doppelkegeln. Fädele einen verfügbaren Fadenrest zu einem Picot aus Charlotten am Eckenloch hinauf. Fädele durch die mittlere Charlotte, nimm zwei Doppelkegel auf und fädele durch die nächste, mittlere Charlotte des nächsten Picots.

Fädele zurück durch den zweiten Doppelkegel und füge einen dritten hinzu. Fädele dann durch die mittlere Charlotte des dritten Picots. Fädele, nachdem du durch diese Charlotte gefädelt hast, zurück durch den dritten Doppelkegel und durch den ersten Doppelkegel. Dies füllt das Loch, das beim Zusammenfügen der Rivoli entstanden ist. Du kannst ein zweites Mal durch die Doppelkegel und Charlotten fädeln, um die Verbindung zu verstärken **(a)**.

Um eine Perle herzustellen, die an einer Kette oder einem Band getragen werden kann (einzeln oder mit anderen Perlen zusammen), lasse zwei diagonal gegenüberliegende Ecklöcher frei. Fädele einfach deine Kette oder dein Band durch diese zwei Löcher und trage die „geperlte Perle".

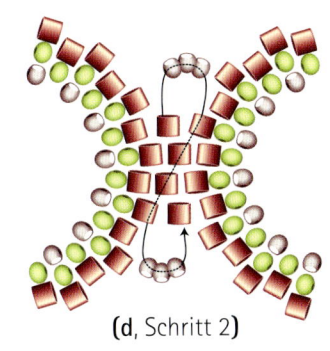

(d, Schritt 2)

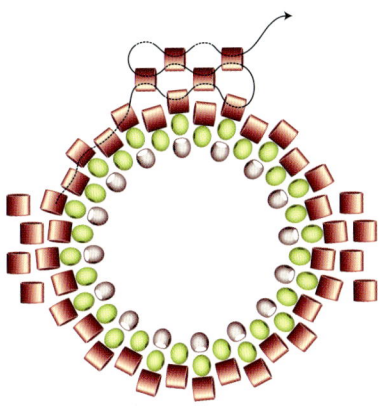

(a, Schritt 3)

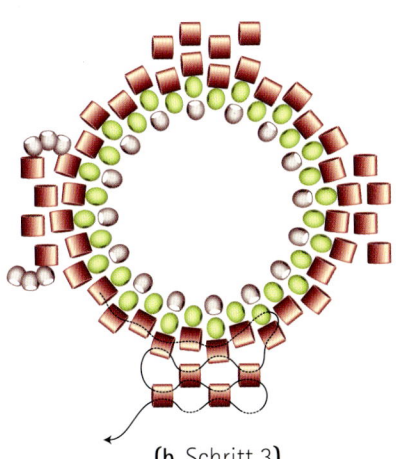

(b, Schritt 3)

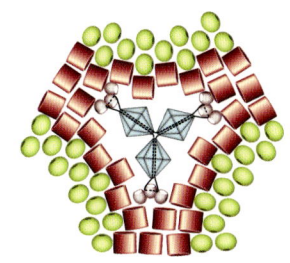

(a, Schritt 4)

VARIATIONEN

Diese Kronjuwel-Varianten sind alle aus Kristallkomponenten gefädelt worden. Veränderungen in Farbe und Steingröße geben jedem sein einzigartiges Aussehen.

Dieses Kronjuwel wurde aus Kristallringen (Artikelnummer 1245) gefertigt. Die Basisrunde der Einfassung aus Zylinderperlen ist mit 32 Perlen gefädelt, was ein etwas kleineres Kronjuwel ergibt. Eine echte Perle ist im Würfel platziert worden, bevor er geschlossen wurde. Sie wird zusammen mit dem Würfel aufgefädelt, sodass eine innere Perle entstanden ist, die sich unabhängig vom Würfel bewegen kann.

Diese Perlen, die kleinsten aller Kronjuwelen, sind aus antiken quadratischen 8 mm Kristallsteinen (Artikelnummer 4650) gefertigt. Weil die Steingröße um einiges kleiner als die im Projekt ist, musst du die Basisreihe auf 24 Zylinderperlen verkürzen. Obschon diese antiken Steine schwer zu finden sind, stellt Swarovski einen modernen, quadratischen Stein (Artikelnummer 4470) her, der ein hervorragender Ersatz und ebenfalls in der Größe von 8 mm zu haben ist.

Dieses Kronjuwel wurde aus antiken Dentelles der Größe 65ss in der Farbe Madeira Topaz gefertigt. Diese Steinfarbe wurde nicht lange produziert, sodass sie schwer zu finden ist. Aber es gibt bei den modernen Steinfarben Alternativen.

Dieses Kronjuwel wurde aus antiken Dentelles der Größe 65ss in der Farbe Medium Vitrail gefertigt. Diese antike Farbe ist mehr ein goldenes Lila, während das moderne Gegenstück eher ein grünlich pinkes Medium Vitrail ist. Außerdem wurden Aikos und verschiedene Farben von 15/0 Saatperlen verarbeitet. Die Ecklöcher wurden mit 3 mm Kristalldoppelkegeln gefüllt.

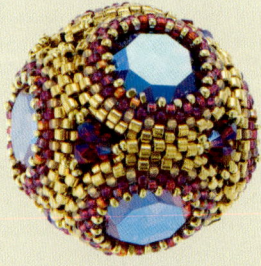

In dieser Variation sind die Kristallsteine antike Dentelles der Größe 65ss in der Farbe Light Siam AB. Die Zylinderperlen sind Delica, die mit 24 Karat vergoldet wurden und ein richtigen Metallic-Effekt haben.

Diese Variante wurde aus antiken Dentelles der Größe 65ss in der Farbe Light Vitrail gefertigt. Die Zylinderperlen sind Toho Treasures. Außerdem wurden verschiedene 15/0 Saatperlen verwendet. Die Ecklöcher wurden mit 3 mm Kristalldoppelkegeln gefüllt.

Dieses Kronjuwel wurde aus sehr alten Dentelles der Größe 55ss mit dem sehr seltenen „Jet Iris"-Überzug gefertigt. Die Steingröße ist etwas kleiner als die im Projekt, also musst du die Basisreihe auf 32 Zylinderperlen verkürzen.

Dieses Kronjuwel wurde aus antiken Dentelles der Größe 65ss in der Farbe Starlight gefertigt. Die verwendeten Zylinderperlen sind Delica in Verbindung mit anderen 15/0 Saatperlen. Die Ecklöcher wurden mit 3 mm Kristalldoppelkegeln gefüllt.

Diese gläsernen Kronjuwelen wurden alle aus modernen, tschechischen Glassteinen, die in Formen aus der Jugendstilperiode gepresst wurden, gefertigt. Der nicht mittige „Vulkanschnitt" fügt dieser ansonsten perfekten, geometrischen Form einen Hauch Eleganz und Asymmetrie hinzu.

Diese Kronjuwel-Variante verbindet opalene Glassteine in der Farbe Light Amethyst mit Aikos und einer Variation aus 15/0 Saatperlen. Die Ecklöcher wurden mit 3 mm Kristalldoppelkegeln gefüllt.

Diese Kronjuwel-Variante besteht aus opalenen Glassteinen in der Farbe Mustard mit Aikos und ausgewählten 15/0 Saatperlen. Bis auf zwei wurden alle Löcher mit 3 mm Doppelkegeln gefüllt, um ein Band oder eine Kette durchfädeln zu können.

Diese Variante besitzt opalene Glassteine der Farbe Fuchsia im Verbindung mit Delica und anderen 15/0 Saatperlen. Sechs der acht Ecklöcher wurden mit 3 mm Doppelkegeln gefüllt. Die anderen beiden Löcher sind offen geblieben, um ein Band oder eine Kette durchfädeln zu können.

Diese Kronjuwel-Variante besitzt opalene Glassteine der Farbe Pacific, außerdem Aikos und andere 15/0 Saatperlen. Die Perle wurde auf ein einfaches Band gefädelt und hinten mit einem Knoten verschlossen.

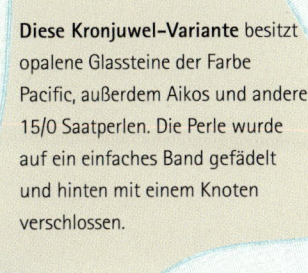

Geometrischer Kristall

Die Arbeitszeit variiert, aber rechne mit mindestens 8 bis 10 Stunden.

Wie auch das Kronjuwel wurde dieses Projekt durch die Mathematik inspiriert. Das Dodekaeder (ein zwölfflächiger Körper) ist eine erstaunliche geometrische Form, die auf dem Goldenen Schnitt basiert, einem Zahlenverhältnis, das immer und immer wieder in der Natur erscheint.

Die Berechnung ist sehr genau, also ist es wichtig, Steine auszusuchen, bei denen die erste Runde der Einfassung aus einer Anzahl Perlen besteht, die durch fünf teilbar ist und dieses Ergebnis außerdem eine gerade Zahl ist (Anmerkung: Ohne Rest durch zehn teilbar). Zum Beispiel können Steine mit einer Einfassung von 30, 40, 50 usw. verwendet werden. Eine Reihe guter Möglichkeiten für dieses Projekt wären:

- 12 mm Rivoli (Deren erste Einfassungsrunde aus Zylinderperlen beträgt 30 Perlen.)
- 16 mm Rivoli oder Dentelle der Größe 65ss (Deren erste Einfassungsrunde aus Zylinderperlen beträgt 40 Perlen.)

Es folgen Anleitungen für beide Steingrößen.

MATERIAL
(für einen geometrischen Kristall)

- 12 Kristallsteine (in gewünschter Größe, wie links erklärt)
- 11/0 Zylinderperlen, 10 Gramm von einer Farbe
- 15/0 Saatperlen, insgesamt 8 Gramm von zwei oder drei Farben
- 15/0 Metall-Charlotten, 4 Gramm einer Farbe
- 3 mm Doppelkegel (#5301), 60 Stück

WERKZEUGE UND HILFSMITTEL

- englische Perlennadel Größe 12
- FireLine 6 lb.
- mikrokristallines Wachs
- Schere

Schritt 1: Die Steine einfassen

Der erste Schritt (egal, welche Größe du gewählt hast) besteht darin, die zwölf Kristallsteine einzufassen. Fasse sie mit der Technik 2 von Seite 27 ein. Wenn du die einzelnen Einfassungen fertiggestellt hast, schneide den Faden nicht ab – du brauchst ihn später, um die Steine zu verbinden.

Schritt 2: Die Verbindungszungen hinzufügen

Im nächsten Schritt werden die Verbindungszungen gefädelt. Die Verbindungszungen müssen exakt positioniert werden, sie hängen in ihrer Breite von der Steingröße ab. Für den 12 mm Stein muss die Zunge zwei Perlen breit sein. Für den 16 mm Stein muss die Verbindungszunge vier Perlen breit sein, wie die Zeichnung zeigt.

Fädele mit deinem Restfaden vom ersten eingefassten Stein zur mittleren Reihe der drei Reihen aus Zylinderperlen der Einfassung. Nimm, mit der Nadel aus einer dieser Zylinderperlen kommend, eine Zylinderperle auf und fädele durch die nächste Zylinderperle der Reihe **(a)**.

Für 12 mm Steine: Füge eine Zylinderperle auf der Hin- und eine Zylinderperle auf der Rückseite hinzu, um eine Zunge herzustellen, die insgesamt zwei Perlen breit und zwei Perlen lang ist (zähle eine Perle auf jeder Seite).

Für 16 mm Steine: Nimm eine weitere Zylinderperle auf und fädele durch die nächste Zylinderperle der Einfassung, sodass du zwei Zylinderperlen hast, die von der Einfassung abstehen. Fädele im Peyotestich zurück, um eine Zunge herzustellen, die vier Perlen breit und zwei Perlen lang ist (zähle eine Perle auf jeder Seite).

Diese Verbindungszunge wird einen Stein mit dem nächsten verbinden. Jeder eingefasste Stein wird mit anderen Steinen an fünf Stellen verbunden **(b)**.

Der Abstand zwischen den Zungen muss ungeachtet der Steingröße vier Perlen und Löcher betragen, wie die Zeichnung zeigt.

Stelle die Ober- und Untersteine zuerst fertig. Dies sind die beiden einzigen Steine, die fünf Verbindungszungen haben. Beachte, wie die Zungen in der Zeichnung von 1 bis 5 nummeriert sind. Lege diese beiden Steine beiseite.

Fädele fünf weitere Steine, die Verbindungszungen an Position 3, 4 und 5 haben. Stelle dann fünf weitere Steine her, die nur an Position 2 Verbindungszungen haben.

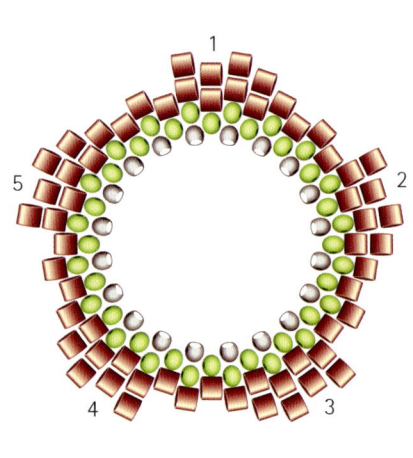

Schritt 3: Die Oberseite herstellen

Arbeite mit den fünf Steinen, die Verbindungszungen an Position 3, 4 und 5 haben. Verbinde die Steine zu einen kuppelförmigen Ring, indem du die Verbindungszunge an Position 5 eines Steines mit der leeren Position 2 des nächsten Steines vernähst, wie in Zeichnung **(a)** und **(b)** gezeigt.

Arbeite rundherum, bis alle Steine verbunden sind. Die Schritte, um die Steine zu verbinden, sind in Zeichnung **(c)** dargestellt.

Wenn du diesen kuppelförmigen Ring fertiggestellt hast, passen die Verbindungszungen des Obersteins jeweils auf die Position 1 aller verbundenen Steine.

Wenn du die Steine verbindest, füge Picots aus drei Charlotten an beide Seiten der Verbindungszungen. Schaue Zeichnung **(d)** für die genaue Position der Picots an.

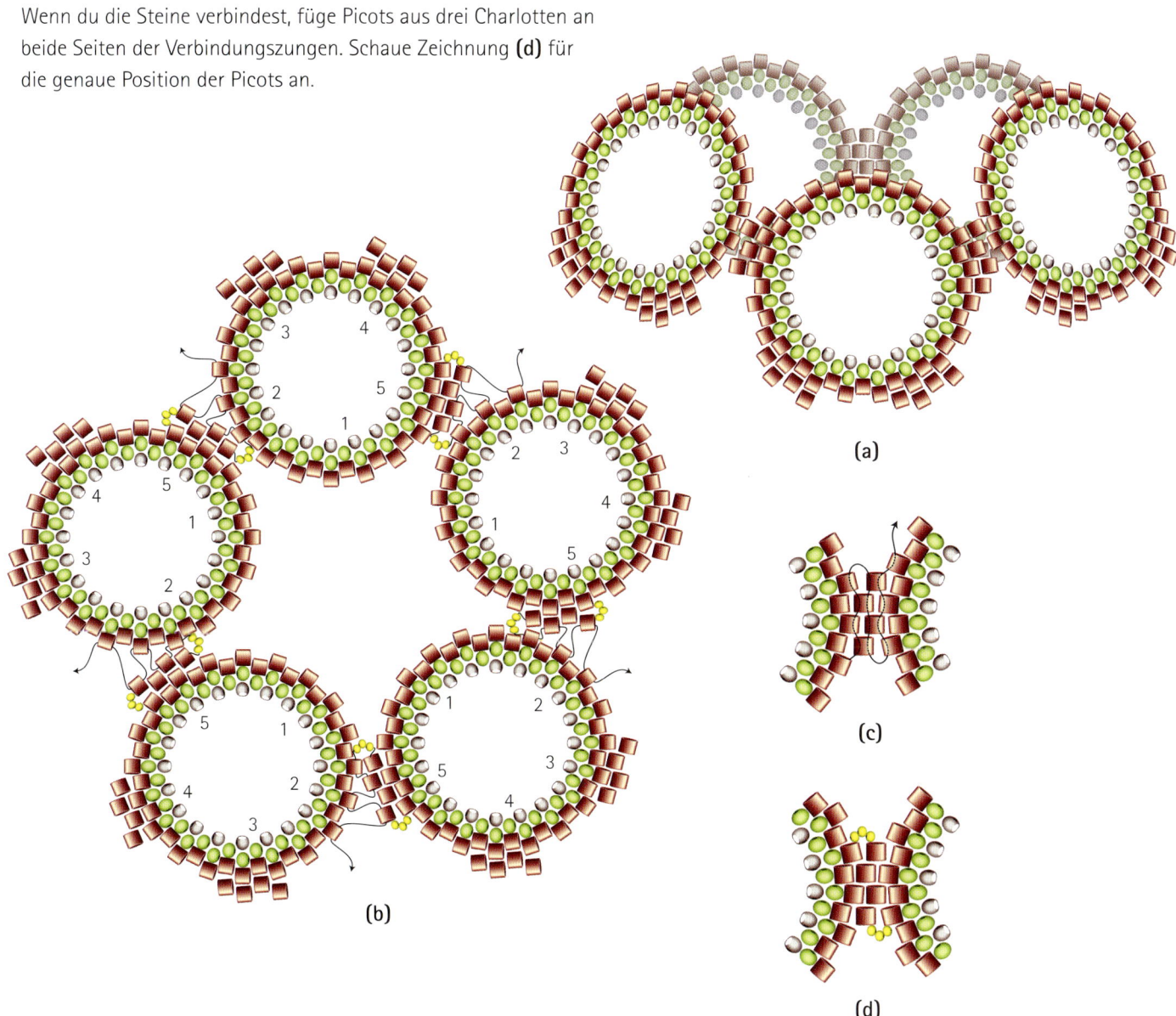

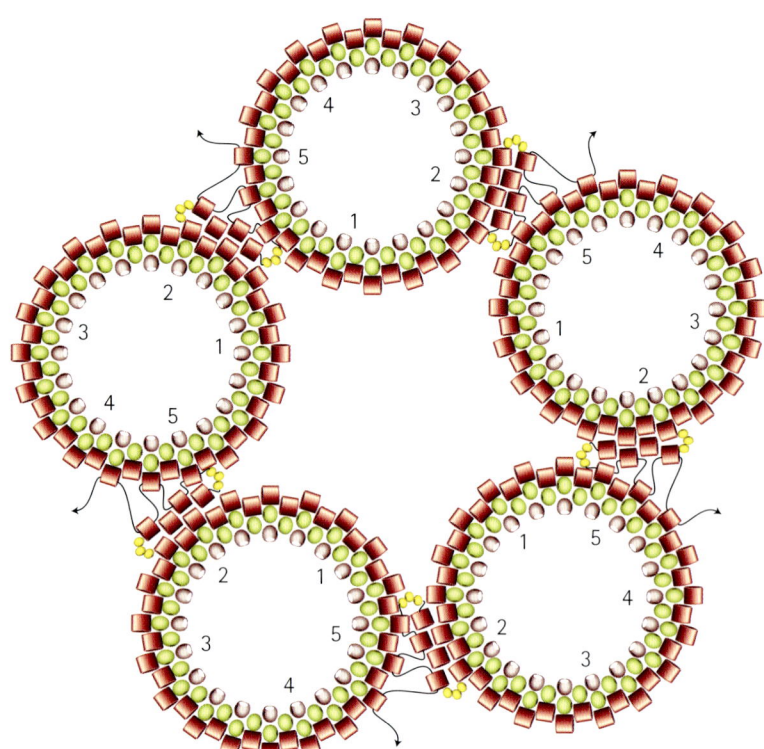

(**a**, Schritt 4)

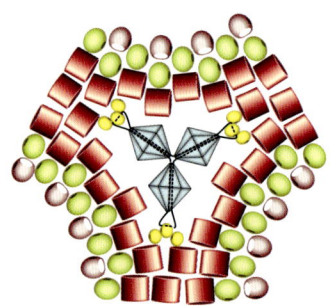

(**a**, Schritt 6)

Schritt 4: Die Unterseite herstellen

Arbeite nun mit den Steinen, die ihre Verbindungszungen nur an Position 2 haben. Verbinde die Steine so, dass du einen kuppelförmigen Ring erhältst, indem du jeweils die Zunge an Position 2 mit der leeren Position 5 des nächsten Steins vernähst, so wie Zeichnung (**a**) zeigt. Fädele, wie eben auch, Picots an beide Seiten der Verbindungszungen.

Step 5: Das Ober- und Unterteil verbinden

Die Zungen des Oberteils an Position 3 und 4 passen genau auf die leeren Positionen 4 und 3 des Unterteils. Nähe die Teile an diesen Stellen wie bei einem Reißverschluss zusammen. Vergewissere dich, dass du an jede Seite jeder Zunge Picots gefädelt hast, nachdem du beide Hälften zusammengenäht hast.

Der Unterstein passt genau in die leeren Positionen 1, nähe den letzten Stein an seinen Platz.

Step 6: Die Doppelkegel hinzufügen

Die Doppelkegel werden genauso wie beim Kronjuwel eingefügt. Siehe Seite 127, Schritt 4 (**a**).

VARIATIONEN

Diese geometrischen Kristalle sind alle aus Kristallsteinen gefertigt. Eine Variante kann als Anhänger getragen werden. Die anderen beiden sind eher Objekte als Schmuckstücke.

Dieser zwölfseitige Anhänger wurde aus 12 mm Rivoli der Farbe Cathedral, Zylinderperlen und 15/0 Saatperlen gefertigt. Nachdem die Steine eingefasst und zusammengenäht waren, wurden die Ecklöcher mit 3 mm Doppelkegeln gefüllt. Die Einfassungen jedes 12 mm Rivoli wurden mit 11/0 Saatperlen verziert, die der obersten Reihe der Einfassung hinzugefügt wurden, um mehr Textur zu erhalten.

Dieser geometrischer Kristall wurde aus unfolierten Dentelles der Größe 65ss in der Farbe Emerald AB, mit den Spitzen nach außen, gefertigt. Die Einfassung wurde mit Aikos, 15/0 Saatperlen und 15/0 Charlotten gefädelt. Die Ecklöcher wurden mit 3 mm Doppelkegeln gefüllt.

Dieser geometrische Kristall wurde aus sechs Dentelles der Größe 65ss in der Farbe Topaz sowie sechs gleichen Dentelles der Farbe Light Sapphire gefertigt. Die Einfassungen wurden mit Aikos, 15/0 Saatperlen und 15/0 Charlotten gefädelt. Die Ecklöcher wurden mit 3 mm Doppelkegeln gefüllt. Nachdem die Form zusammengesetzt war, wurde die oberste Reihe der Einfassung jeder Dentelle mit 11/0 japanischen Saatperlen verziert. Diese Metallicperlen der Farbe Plum geben der Form Farbe und Dimensionalität.

Endlose Halskette

Die Arbeitszeit variiert, aber rechne mit mindestens 85 bis 100 Stunden.

Diese Halskette ist eine Weiterführung der geometrischen Perlenarbeitstechniken des Konjuwels. Viele Kronjuwelenperlen wurden mit einer Spiralkette verbunden, welche danach mit verzweigten Fransen verziert wurde. Das Mittelstück ist eine Perle in einer Perle.

Schritt 1: Die vier großen Perlen aus Perlen herstellen

Der erste Schritt besteht darin, die vier großen Perlen herzustellen, die in der Kette enthalten sind. Folge der Anleitung für das Kronjuwel auf den Seiten 125–127, um diese Perlen aus Perlen anzufertigen.

Schritt 2: Die drei kleineren Perlen aus Perlen herstellen

Fertige drei kleinere Perlen aus Perlen nach dem gleichen Prinzip wie die großen Perlen an, aber mit quadratischen 8 mm Kristallsteinen (Artikelnummer 4650) oder mit 13 mm Kristallringen (Artikelnummer 1245). Der einzige Unterschied ist die Anzahl der Perlen, die für die Basisreihe der Einfassung benötigt werden. Die Tabelle auf Seite 142 zeigt die Anzahl für runde und quadratische Steine sowie Ringe an.

Füge die Steine, nachdem du sie eingefasst hast, zu Perlen zusammen wie bei den großen Perlen in Schritt 1. Platziere eine echte 6 mm Perle im Würfel, bevor du die sechste Seite anfädelst. Vergewissere dich, dass zwei gegenüberliegende Ecken frei geblieben sind, damit du die Perle später auffädeln kannst.

Lege zwei dieser Perlen aus Perlen für die hintere Seite deiner Kette beiseite. Du wirst die dritte Perle in das Mittelstück einfügen, um eine Perle aus einer Perle in die Mitte einer in der Mitte offenen Rahmenperle zu stecken – die ultimative, geperlte Perle.

MATERIAL

- Dentelle oder Kristallsteine (in der Größe 65ss bzw. 16 mm), 24 Stück
- 6 mm oder 8 mm Kritallrondelle (#5040), 12 Stück
- 6 mm oder 8 mm Süßwasserperlen, 22 Stück
- 11/0 Zylinderperlen, je 15 Gramm von drei Farben
- 11/0 Saatperlen, 40 Gramm
- 15/0 Saatperlen, je 10 Gramm von drei Farben
- 15/0 Metall-Charlotten, 15 Gramm einer Farbe
- 3 mm Doppelkegel (#5301), 160 Stück für die Ecken, 576 für die Fransen
- 4 mm Doppelkegel (#5301), 18 Stück (für die Eckenlöcher der in der Mitte offenen Rahmenperle)
- 13 mm Kristallringe, 18 Stück

WERKZEUGE UND HILFSMITTEL

- englische Perlennadel Größe 12 und 13 sowie eine lange, englische Perlennadel der Größe 12
- FireLine 6 lb.
- mikrokristallines Wachs
- Schere

Schritt 3: Die ultimative, geperlte Perle herstellen

Du hast in Schritt 2 bereits die innere Perle für das Mittelstück hergestellt. Jetzt fertigst du die in der Mitte offene Rahmenperle, die die kleinere Perle aufnehmen wird.

Die Außenperle ist aus sechs Perlenringen gefertigt, welche alle zu einer Würfelform zusammengefügt wurden. Diese Ringe können eine oder zwei verschiedene Größen haben, abhängig davon, wie groß du deine Mittelperle gern hättest. Die Ringe müssen einen Umfang von 56 oder 64 Zylinderperlen haben. Die Anzahl der Zylinderperlen muss immer durch vier teilbar und das Ergebenis eine gerade Zahl sein.

Wenn deine innere Perle aus 8 mm Steinen besteht, empfehle ich, die Ringe mit 56 Zylinderperlen im Umfang herzustellen. Wenn deine innere Perle aus Kristallringen besteht, so empfehle ich einen Umfang von 64 Zylinderperlen. Um die Ringe aus Perlen herzustellen, folge der Anleitung für den runden Knebelverschluss auf Seite 35.

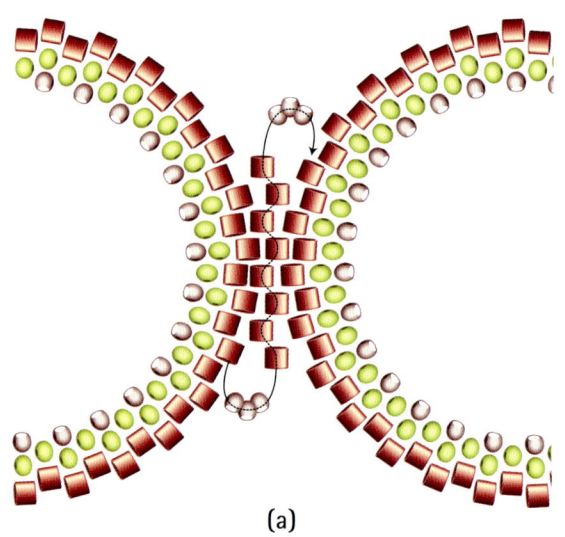

(a)

Fädele, um einen Ring mit dem nächsten zu verbinden, mit der Nadel durch eine Zylinderperle der Mittelreihe des ersten Rings. Fertige eine Zunge im Peyotestich mit gerader Perlenanzahl, die zwei Reihen lang und acht Perlen breit ist (für einen Ring mit 56 Perlen), wie in der Zeichnung gezeigt, oder zehn Perlen breit (für einen Ring mit 64 Perlen). Wenn du die Zunge fertiggestellt hast, fädele sie wie bei einem Reißverschluss in den nächsten Ring. Nachdem du die Ringe verbunden hast, fädele Picots an die Seiten der Verbindungszungen, wie die Zeichnung zeigt **(a)**. Diese Picots werden später als Basis für die Kristallecken dienen.

Fahre mit dem Verbinden der Ringe fort, bis du vier Ringe zu einem Quadrat zusammengefügt hast (einen Würfel ohne Ober- und Unterseite), genau wie du es beim Kronjuwel (siehe Seite 126) getan hast.

Jetzt solltest du die Ober- und Unterseite deines Würfels anbringen. Fädele einen Fadenrest, mit dem du die Verbindungszungen gefädelt hast, auf die Oberseite der Ringe. Stelle Verbindungszungen an der Oberseite jedes Rings her – diese sollten acht oder zehn Perlen breit und zwei Reihen lang sein. Vergewissere dich bei der Positionierung, dass dort sechs leere Plätze und Perlen (Leerplatz, Perle, Leerplatz, Perle, Leerplatz, Perle) Abstand zwischen den Zungen sind.

Arbeite mit diesen vier Verbindungszungen und nähe den oberen Ring wie bei einem Reißverschluss an seinen Platz oben auf die vier Ringe des Würfels. Fädele, nachdem du diese Verbindung fertiggestellt und die Seiten der Zunge mit Picots verziert hast, die 4 mm Doppelkegel an, um die Ecken der geperlten Perle zu füllen **(b)**. Folge den Anweisungen auf Seite 127, um die Doppelkegel hinzuzufügen. Vergewissere dich, dass zwei gegenüberliegende Ecken frei gelassen wurden, damit du die Perle später auffädeln kannst.

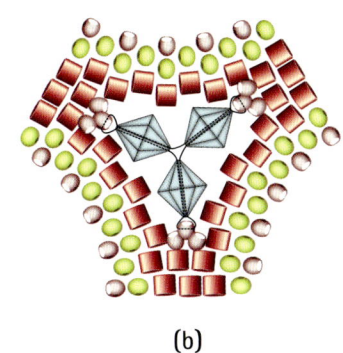

(b)

Platziere die innere Perle in der Außenperle, bevor du die Unterseite der Außenperle anfädelst. Füge dann den letzten Ring hinzu. Die kleine Perle kann sich nun frei in der großen bewegen. Verknote und vernähe alle Fäden mehrfach, bevor du den Faden abschneidest.

Schritt 4: Den Knebelverschluss herstellen

Der Knebelverschluss auf der Rückseite dieser Halskette ist aus Perlen im Peyotestich gefertigt. Er hat keine innere Unterstützung. Folge den Anweisungen auf Seite 35, um den Knebelverschluss herzustellen.

Schritt 5: Alle Komponenten verbinden

Jetzt bist du so weit, um alle Komponenten zu verbinden. Die Teile und Stücke dieser Halskette sind mit einer durchgehenden Spirale verbunden, die auch die Perlen aus Perlen einschließt. Wenn du möchtest, kannst du diese Spirale anschließend mit Fransen verzieren, so wie ich es bei der Kette auf dem Foto gemacht habe.

Schritt 6: Die Spiralkette herstellen

Beginne deine Spiralkette wie gewohnt (siehe Seite 45). Achte darauf, dass du mit viel Faden arbeitest, die Spiralkette ist ein sehr „fadenfressender" Stich. Wenn du mit vier bis sechs Armlängen Faden beginnst, musst du nicht ständig neuen Faden anknoten.

Nimm, wie bei der Kristallspiralkette auf Seite 45, 11/0 Saatperlen als Kernperlen und für die Außenperlen zwei 15/0 Perlen, eine Zylinderperle und zwei weitere 15/0 Perlen. Wenn du ein 2,5 bis 5 cm langes Stück fertig hast, kannst du die erste Perle aus Perlen einfügen.

Schritt 7: Die Perlen aus Perlen einfügen

Nimm die lange Nadel und fädele eine echte Perle, drei 11/0 Saatperlen und einen 4 mm Doppelkegel auf, fädele durch die eingeschlossene echte Perle, fädele einen 4 mm Doppelkegel und drei 11/0 Perlen auf. Dieser Strang sollte von einem bis zum anderen Ende innerhalb der Perle aus Perlen reichen. Nimm nun eine weitere echte Perle, drei 11/0 Perlen (in Kernfarbe), zwei 15/0 Perlen, eine Zylinderperle und zwei weitere 15/0 Perlen (in Außenperlenfarbe) auf. Fädele zurück durch die echte Perle, durch den Strang im Inneren der Perle aus Perlen, durch die erste echte Perle und durch die drei Kernperlen der originalen Spiralkette **(a)**.

Nimm zwei 15/0 Perlen, eine Zylinderperle und eine 15/0 Perle (in Außenperlenfarbe) auf und fädele zurück durch die echte Perle, den Strang in der Perle aus Perlen, die zweite Perle und zwei Kernperlen des neuen Abschnitts der Spirale. Nimm zwei 15/0 Perlen und eine Zylinderperle (in Außenperlenfarbe) auf und fädele zurück durch die echte Perle, durch den Strang im Inneren der Perle aus Perlen, durch die erste echte Perle und durch die zwei Kernperlen der originalen Spiralkette **(b)**.

Nimm nun zwei 15/0 Perlen und eine Zylinderperle (in Außenperlenfarbe) auf und fädele zurück durch die echte Perle, durch den Strang in der Perle aus Perlen, die zweite echte Perle und eine Kernperle des neuen Abschnitts der Spirale. Nimm zwei 15/0 Perlen (in Außenperlenfarbe) auf und fädele zurück durch die echte Perle, durch den Strang in der Perle aus Perlen, durch die erste echte Perle und durch eine Kernperle der originalen Spiralkette **(c)**.

Nimm jetzt zwei 15/0 Perlen (in Außenperlenfarbe) auf und fädele zurück durch die echte Perle, durch den Strang in der Perle aus Perlen, die zweite echte Perle und alle drei Kernperlen des neuen Abschnitts der Spiralkette. Nimm eine 11/0 Perle (in Kernfarbe), zwei 15/0 Perlen, eine Zylinderperle und zwei weitere 15/0 Perlen (in Außenperlenfarbe) auf und setze den Spiralstich in diesem zweiten Abschnitt fort **(d)**.

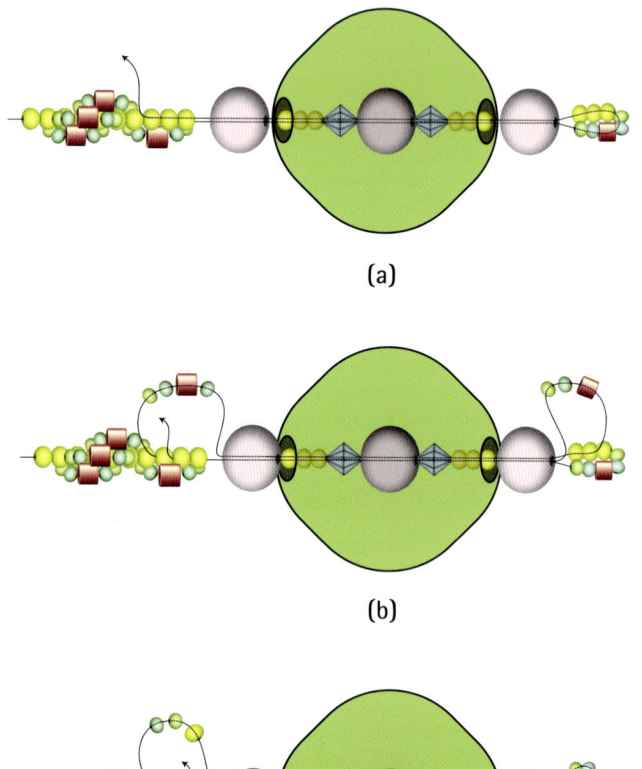

(a)

(b)

(c)

(d)

Wenn dieser zweite Abschnitt der Spiralkette die gewünschte Länge erreicht hat, folgt ein Abstandsstück, bevor der dritte Abschnitt der Spiralkette kommt. Dieses Abstandsstück besteht aus einer Rondelle, einer kleinen röhrenförmigen Perle aus Zylinderperlen und einer weiteren Rondelle.

Fädele, um diese röhrenförmige Perle herzustellen, einen Streifen aus Zylinderperlen im Peyotestich, der vier Perlen breit und 14 Reihen lang ist (zähle sieben Perlen auf jeder Seite). Vernähe die erste mit der letzten Reihe wie bei einem Reißverschluss. Füge, nachdem du diese Verbindung hergestellt hast, einen dritten Abschnitt der Spiralkette hinzu, eine echte Perle, eine Reihe von 11/0 Perlen, die von einer Seite der großen Perle zur anderen reichen, die große Perle aus Perlen, eine echte Perle usw.

Wenn du zum Mittelstück (der ultimativen Perle aus Perlen) kommst, fädele große Perlen zwischen die Innenseite der Außenperle und die Außenseite der Innenperle. Die hier gezeigte Halskette hat zwei 11/0 Perlen und eine Rondelle auf jeder Seite der Innenperle. Dies garantiert, dass die Innenperle genau in der Mitte der Außenperle bleibt.

Schritt 8: Den Verschluss hinzufügen

Arbeite mit dem Restfaden der Spirale und nimm eine Endperle (echte Perle) auf. Fädele 17 bis 21 der 15/0 Perlen (abhängig davon, wie viele durch die Verbindungsöse des Verschluss passen) auf. Schiebe nun den Knebel über die 15/0 Perlen.

Fädele zurück durch die Endperle und durch drei Kernperlen der Spiralkette. Nimm zwei 15/0 Perlen, eine Zylinderperle und eine 15/0 Perle (Außenperlenfarbe) auf. Fädele zurück durch die Endperle und durch die 15/0 Perlen, um die Verschlussverbindung zu verstärken.

Fädele nun zurück durch die Endperle, aber diesmal nur durch zwei Kernperlen der Spirale. Nimm zwei 15/0 Perlen und eine Zylinderperle auf und fädele zurück durch die Endperle und die 15/0 Perlen (mit dem Knebel daran), um die Verschlussverbindung zu verstärken. Wiederhole diesen Vorgang, fädele durch eine Kernperle und nimm zwei 15/0 Perlen auf. Dies verjüngt das Ende der Spiral und sieht gut aus. (Für weitere Details siehe Seite 46–47.)

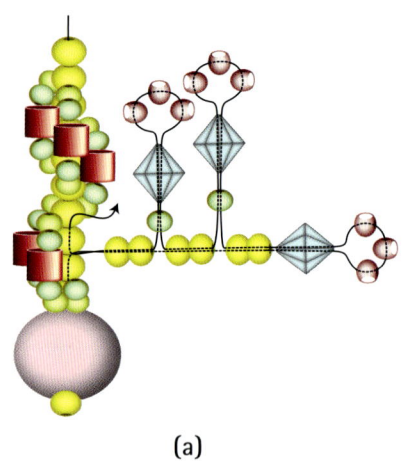

(a)

Schritt 9: Mit Fransen verzieren

Wenn du möchtest, kannst du der Spiralkette zwischen den Perlen verzweigte Fransen hinzufügen. Die verzweigten Fransen machen die Spirale dicker und verleihen der Halskette ein massiveres, dramatischeres Aussehen.

Ich empfehle, die verzweigten Fransen mit doppeltem Faden zu arbeiten. Wenn du zwischen allen Kernperlen der Spiralkettenabschnitte mit doppeltem Faden verzweigte Verzierungen anbringst, erschaffst du ein Geäst aus Doppelkegeln **(a)**. Schaue für weitere Erklärungen die Zeichnung auf der linken Seite oder auf Seite 41 an.

Richtwerte für das Einfassen von Kristallsteinen und -ringen

Artikelnummer und Form	Größe	Anzahl der Zylinderperlen in der 1. Runde	Rückseite	Vorderseite	Breite der Verbindungszunge
4650 Dentelle oder andere, runde Steine	16 mm oder 65ss	40 Perlen	2 Reihen 15/0 1 Reihe Charlotten	3 Reihen 15/0 1 Reihe Charlotten	6 Perlen
4650 quadratischer Rivoli	8 mm	24 Perlen	1 Reihen 15/0 1 Reihe Charlotten	1 Reihen 15/0 1 Reihe Charlotten	2 Perlen
1245 Kristallring	13 mm	32 Perlen	1 Reihen 15/0 1 Reihe Charlotten	3 Reihen 15/0 1 Reihe Charlotten	4 Perlen

Vergleichstabelle von antiken und modernen Swarovski-Komponenten

Bezeichnung	Antike Artikelnummer	Moderne Alternative
Rivoli	1122	1122 (immer noch erhältlich)
Dentelle, 60ss	1200	1200 (noch in der Größe 60ss erhältlich)
Dentelle, 65ss	1200	Nicht mehr in der Größe 65ss erhältlich, verwende alternativ Rivoli der Größe 16 mm.
quadratischer Kristallstein	4650, 4652	4461 oder 4470
großer, runder Stein	1201 (27 mm)	1201 (immer noch erhältlich)

Umrechnungstabelle von Steingröße zu mm

Steingröße	Durchmesser	Steingröße	Durchmesser
38ss	7,9 – 8,2 mm	47ss	10,5 – 10,9 mm
39ss	8,2 – 8,4 mm	48ss	10,9 – 11,3 mm
40ss	8,4 – 8,7 mm	49ss	11,3 – 11,7 mm
41ss	8,7 – 8,9 mm	50ss	11,7 – 11,9 mm
42ss	8,9 – 9,2 mm	55ss	12,9 – 13,2 mm
43ss	9,2 – 9,5 mm	60ss	14,2 – 14,5 mm
44ss	9,5 – 9,8 mm	65ss	15,5 – 15,7 mm
45ss	9,8 – 10,2 mm	70ss	16,7 – 16,9 mm
46ss	10,2 – 10,5 mm	75ss	17,9 – 18,2 mm

*HINWEIS: Steine der Größe 37ss oder kleiner sind zu klein für die Projekte dieses Buches. Aus diesem Grund beginnt die Tabelle erst bei Steingröße 38ss.

BEZUGSQUELLEN

Die Materialien, die in diesem Buch verwendet werden, sind sowohl antik als auch modern. In der Absicht, dir zu helfen die Materialien für jedes Projekt in diesem Buch zu finden, habe ich einen Anhang (Appendix) geschrieben.
Er kann aus dem Internet heruntergeladen werden. Die Materialien jedes Projekts sind dort detailliert beschrieben. Du kannst diesen Anhang als weitere Hilfe für das Buch hier finden:

In englischer Sprache:
www.creativepub.com oder
www.creatingcrystaljewelry.com

In deutscher Sprache:
www.Creanon.de

Alle Saatperlen, ob japanisch oder tschechisch, wurden zu der Zeit, in der das Buch geschrieben wurde, hergestellt und sind auf dem Markt erhältlich. Schaue in deinen Perlenladen, um sie zu finden, oder suche online.

Kristalle können schwieriger zu finden sein. Antike Stücke sind immer schwieriger zu finden, weil sie immer seltener werden. Spezialisten für Kristallperlen und -steine können online gefunden werden, falls dein lokaler Perlenladen keine antiken Steine hat. Ich habe außerdem, wo das möglich war, die modernen Entsprechungen von Swarovski hinzugefügt. Diese modernen Steine sind leichter zu bekommen und in hervorragendem Zustand.

Basismaterialien, wie Nadeln, Wachs, Faden, Perlenbretter, Zangen usw. sind normalerweise in deinem lokalen Perlenladen oder online zu finden.

Besuche bitte für weitere Informationen über Swarovski, die offizielle Homepage:

www.Swarovski.de oder
www.createyourstyle.de